Staatsarchiv Freiburg

Freiburg
in den 60er-Jahren

Festgehalten in Fotografien
von Willy Pragher

Staatsarchiv Freiburg

Freiburg in den 60er-Jahren

Festgehalten in Fotografien von Willy Pragher

Landesarchiv Baden-Württemberg
Staatsarchiv Freiburg

SILBERBURG

Mancherlei Brüche: Die 1960er-Jahre in Freiburg im Bild

An Etiketten für bestimmte Jahrzehnte herrscht kein Mangel. Solche sprachlichen Kennzeichnungen sind zwar einerseits griffig, andererseits aber undifferenziert und verallgemeinernd. Wer wollte etwa behaupten, die 1920er-Jahre seien in Deutschland im Allgemeinen und in der Stadt Freiburg im Besonderen durchweg »golden« oder die 1950er-Jahre durchweg »spießig« und »muffig« gewesen? Die **1960er-Jahre** bezeichnet der Historiker Axel Schildt als »eine Phase gesellschaftlichen Umbruchs und reformerischer Aufbrüche« – Begrifflichkeiten, auf die man bei Buch- und Ausstellungstiteln im Hinblick auf jene Zeit nicht selten stößt. Diese heben auf den gesellschaftlichen Wandel ab und stellen häufig den (jugendlichen) Protest gegen die Lebenswelt und die Lebensformen der Elterngeneration und bestimmte Aspekte der politischen Ordnung in den Vordergrund. Ein Protest, der durch die blühende Populärkultur jener Jahre vor allem musikalisch hörbar und öffentlichkeitswirksam befördert und untermalt wurde. Dabei kam es – so Schildt – kurzzeitig sogar zur »Verschmelzung von politischer Bewegung und einer auch kommerziell expansiven jugendlichen Gegenkultur«. Aber eine Verengung auf diese Aspekte würde zu einer Verzerrung bei der Abbildung der sozialen Wirklichkeit führen, waren doch etwa die Proteste in Berlin und Frankfurt deutlich heftiger als in der vergleichsweise kleinen Großstadt an der Dreisam.

Wie bereits der Vorgängerband im Hinblick auf die 1950er-Jahre nimmt auch diese Fotoschau selbstverständlich nicht für sich in Anspruch, eine ganze Dekade in Freiburg flächendeckend und für alle sozialen Milieus erschöpfend abzubilden. Zum einen reichen dafür etwa 170 Bilder nicht aus, zum anderen ist die Aussagekraft des Mediums Fotografie generell begrenzt, liefert es zwar Momentaufnahmen, aber keine tiefgründigen, empirisch fundierten Analysen. Das Autorenteam des Staatsarchivs Freiburg hat sich – dieser Probleme durchaus gegenwärtig – trotzdem bemüht, möglichst viele Aspekte des gesellschaftlichen, politischen und alltäglichen Lebens abzubilden. Möglich wurde dies durch das Œuvre des Fotografen: Willy Pragher lebte über 40 Jahre in Freiburg und dokumentierte das städtische Leben in wohl fast allen seinen Facetten. Sein Werk wurde vor gut 30 Jahren vom Land Baden-Württemberg erworben. Seither verwahrt das Staatsarchiv Freiburg Praghers knapp 300.000 Fotos umfassende Bildsammlung und macht diese Schritt für Schritt online nutzbar. Die wichtigsten Fakten zu Willy Praghers Leben und Werk finden sich in einer Tabelle am Schluss dieses Vorworts. Noch detailliertere Informationen liefern die biografischen Skizzen von Annika Ludwig, Annette Riek und Anja Schellinger sowie Kurt Hochstuhl aus den Jahren 2022 beziehungsweise 2007. Angesichts der Anzahl und der Güte der Bilder überrascht es nicht, dass auch Praghers Fotografien aus den 1960er-Jahren bereits rege Verwendung fanden, etwa 2002 in Form eines informativen und kenntnisreichen Werks von Günter Klugermann. Der vorliegende Band liefert indes in beträchtlicher Zahl noch ungedruckte oder gänzlich unveröffentlichte Bilder.

Oberbürgermeister Dr. Brandel 60 Jahre ›

31. Oktober 1961: Einen Tag nach seinem 60. Geburtstag erhält **Oberbürgermeister Josef Brandel** (1901–1964) das Bundesverdienstkreuz aus den Händen von Landesinnenminister Hans Filbinger (1913–2007).

Greiffeneggring mit Martinstor von der Wallgrabenanlage vor der Eröffnung

21. August 1967: Im Zuge von Straßenverbreiterungen verändert die Gegend um das **Schwabentor** in den späten 60er- und frühen 70er-Jahren massiv ihr Gesicht.

In den 1960er-Jahren kam es in der Bundesrepublik nicht nur zu gesellschaftlichen und politischen Auf- und Umbrüchen, vielmehr gab es auch »Brüche« ganz anderer, aber sehr handfester Art: Der Bombenkrieg hatte allerorten verheerende Schäden angerichtet. Dabei bildete Freiburg keine Ausnahme. Die Stadt sah sich in den Nachkriegsjahrzehnten mit der Grundsatzfrage konfrontiert, was wird originalgetreu und was zumindest ansatzweise wiederhergestellt, was muss gänzlich neu errichtet werden und was vom Stehengebliebenen muss oder soll – aus welchen Gründen auch immer – beseitigt werden? Eine wichtige Weichenstellung hatte es schon in den 1950er-Jahren gegeben, nämlich die Entscheidung für den weitgehenden Erhalt des historischen Grundrisses im Innenstadtbereich. Trotzdem veränderte sich das Bild der Stadt im folgenden Jahrzehnt teils dramatisch. Dabei fand man in Freiburg die unterschiedlichsten Lösungen, wie die Bilder dieses Bandes anschaulich zeigen. In manchen Fällen begnügte man sich – etwa im Fall des Kepler-Gymnasiums an der Habsburgerstraße – über lange Jahre mit eher unzureichend wiederhergerichteten Gebäuden, teils errichtete man auf Freiflächen oder in Bombenlücken moderne, aber baulich unauffällige Gebäude wie etwa die Stadtbibliothek, teils riskierte man bewusst optische Stilbrüche wie beim sogenannten »Karlsklotz«. Schließlich, als radikalste Variante, die der steigenden Motorisierung und den Forderungen nach einer autogerechten Stadt geschuldet war, ebnete man ganze Häuserreihen mit historischer Bausubstanz ein, die man seinerzeit nicht als wertvoll erachtete. Dafür war man bereit, Lösungen in Kauf zu nehmen, die heute als ästhetische Zumutung empfunden werden. Die für den Schlossbergring untergegangene Schlossbergstraße, der Bereich südlich des Schwabentors, Teile der Konviktstraße, das Dreisamufer und die Freiau-Siedlung geben hiervon eindrücklich Zeugnis.

Zeitgleich errichtete man angesichts des Bevölkerungswachstums und der Wohnungsnot im Westen der Stadt im Eiltempo zwei neue Stadtteile: Weingarten und Landwasser. Auch die steigende Zahl Studierender zwang zu Baumaßnahmen: In Littenweiler entstanden große Wohnheime und die Errichtung der Studentensiedlung am Flückigersee ließ das bis dato eher dörflich-abgeschiedene Betzenhausen mit der Stadt zusammenwachsen. Lange Zeit völlig unzureichend war die Wohnsituation der in Freiburg lebenden Sinti bzw. Roma. Auch eine am Mundenhof eigens zur

Behebung der Missstände errichtete Behelfssiedlung erfüllte die Mindeststandards nicht. Ebenfalls sehr dürftig gestaltete sich die Unterbringung etlicher Arbeitsmigranten, sogenannter Gastarbeiter, die seit den 1950er-Jahren zunehmend nach Freiburg kamen.

Doch natürlich kommen in diesem Band auch die gesellschaftlichen Brüche nicht zu kurz. Abgebildet werden nicht nur – als eine Art Aufgalopp am Ende der Adenauerzeit – der studentische Protest im Zuge der »Spiegel-Affäre« 1962 und drei Jahre später gegen den »Bildungsnotstand«, vielmehr finden auch Demonstrationen aus dem Jahr 1968 ihren Platz, sei es gegen die Notstandsgesetze oder gegen Fahrpreiserhöhungen im Nahverkehr. Zu sehen ist selbstverständlich ebenso ein Foto vom »Auftritt« des Studentenführers Rudi Dutschke vor der Stadthalle beim Rededuell mit Ralf Dahrendorf im gleichen Jahr. Über die 68er-Proteste hinaus zeigt der vorliegende Band das Echo auf Ereignisse, die weit über die Stadt und die Region hinaus bedeutsam oder sogar Gegenstand der internationalen Politik waren: der Bau der Berliner Mauer, die Ermordung John F. Kennedys, die gewaltsame Niederschlagung des »Prager Frühlings« oder die Grausamkeiten des Vietnamkriegs. Die nukleare Bedrohung und die Sorge vor einem mit Kernwaffen ausgetragenen Konflikt brachten der Stadt Freiburg ein Bauwerk ein, das sich noch heute den Blicken der Öffentlichkeit entzieht, jedoch im wahrsten Sinne des Wortes als »in Stein gehauener« Zeitgeist erscheint: das Luftschutzstollensystem am Schlossbergring, im Volksmund Schlossbergbunker genannt. Mit erheblichen Mitteln wurden drei alte Luftschutzstollen aus dem Zweiten Weltkrieg auf den Stand moderner Technik gebracht und durch eigens gegrabene Verbindungsgänge miteinander vernetzt. Nach Beendigung der Arbeiten konnten im Kriegsfall auf einer Fläche von rund 7000 Quadratmetern etwa 6000 Menschen Platz finden. Noch während der Bauarbeiten wurde nicht nur in der Presse Kritik an der Konzeption der Anlage und den zu erwartenden immensen Unterhaltskosten laut. Ein Thema war unter anderem, wer im Kriegsfall Platz im Bunker finden könnte und wer nicht.

Während sich das Stadtbild in den 1960er-Jahren merklich wandelte, begann an der Rathausspitze dagegen eine Phase ausgesprochener Kontinuität. 1962 musste Josef Brandel aus gesundheitlichen Gründen sein Amt als Oberbürgermeister niederlegen. Sein Nachfolger wurde der geschiedene protestantische Sozialdemokrat Eugen Keidel – in der damaligen CDU-Hochburg Freiburg durchaus eine Sensation. 1970 gelang es Keidel, seinen Wahlsieg mit fast 80 Prozent der Stimmen zu wiederholen, sodass der gebürtige Mannheimer erst 1982, nach 20 Jahren im Amt, in den Ruhestand ging. Das heutige Gesicht Freiburgs wurde – vor allem durch die neu errichteten Stadtteile im Westen – wesentlich in seiner Amtszeit geprägt.

Neben den beiden genannten Oberbürgermeistern begegnen den Leserinnen und Lesern dieses Bandes etliche weitere Persönlichkeiten der Zeitgeschichte. Dabei reichen durchaus kontroverse Diskussionen über manche Lebensläufe zuweilen weit über die 60er-Jahre hinaus und bis in die jüngste Zeit hinein. Exemplarisch seien hier nur einige genannt: Ministerpräsident

Hans Filbinger kam durch den Umgang mit seinem Handeln als Amtsträger in der NS-Kriegsgerichtsbarkeit 1978 zu Fall. Im Jahr 2016 schlug die Kommission zur Überprüfung der Freiburger Straßennamen vor, die Benennung eines Wegs im Stadtteil Rieselfeld nach dem renommierten Mediziner Ludwig Heilmeyer rückgängig zu machen. Gründe hierfür waren dessen zustimmende Haltung zum Nationalsozialismus, seine Rolle bei der Reinwaschung eines ehemaligen KZ-Arztes und die Aneignung von Leistungen jüdischer Wissenschaftler, die man aus dem Amt vertrieben hatte. Der genannte Weg im Rieselfeld trägt heute den Namen des Chemie-Nobelpreisträgers George de Hevesy. Erzbischof Hermann Schäufele wirft die Studie zu Missbrauchsfällen in der Erzdiözese Freiburg vor, zumindest bei einem Täter »Unterlassungsverhalten« an den Tag gelegt zu haben.

Wohnung [Pragher]
Freiburg, Beethovenstraße 3

März 1961: Willy Praghers **Bildarchiv** befindet sich heute – konservatorisch einwandfrei verpackt, sicher gelagert, komplett digitalisiert und online zugänglich – im Staatsarchiv Freiburg.

Der vorliegende Band ist in sechs Kapitel gegliedert. Die ersten fünf folgen dem Aufbau des Vorgängerbands über die 1950er-Jahre: Stadtbild, Politik und Zeitgeschehen, Wirtschaft/Verkehr und Infrastruktur, Kultur/Bildung und religiöses Leben sowie schließlich Sport und Freizeit. Ein sechstes Kapitel setzt einen besonderen Akzent: Freiburg von oben. Hier konnte aus dem reichen Fundus an Luftbildaufnahmen aus jenen Jahren geschöpft werden. Weitere Erläuterungen oder einleitende Worte zu Beginn der Kapitel waren durch die selbst erklärenden Überschriftentitel verzichtbar.

Jede Bildunterschrift beinhaltet Willy Praghers kursiv gesetzten Originalbildtitel sowie die vom Fotografen notierten Datierungen. Beides findet sich in dessen penibel geführten Registern. Praghers Bildnummern sind heute im Staatsarchiv Freiburg zugleich die Signaturen innerhalb seiner Fotosammlung (Bestand W 134). Die hier verwendeten sind gesammelt am Ende des Bandes aufgelistet. Abgerundet werden diese Angaben durch eingehendere Bildbeschreibungen des Staatsarchivs Freiburg, die so weit wie möglich aus zeitgenössischer Perspektive im Präsens gehalten sind. Fußnoten werden nicht verwendet. Vielmehr sind die für dieses Vorwort und die Bildbeschreibungen benutzten Archivquellen, gedruckten Werke und Internetseiten in einem eigenen Verzeichnis aufgeführt. Alle abgedruckten Fotos entstanden im Zeitraum zwischen dem 1. Januar 1960 und dem 31. Dezember 1969 im Stadtgebiet von Freiburg. Lediglich die auf einem Bild abgelichteten Äcker des Baldenweger Hofs liegen auf Stegener Gemarkung.

Unser Dank gilt unserem Kollegen Bernhard Schühly für die Erstellung der hochauflösenden Scans von Praghers Negativvorlagen. Darüber hinaus danken wir allen Kolleginnen und Kollegen des Staatsarchivs Freiburg für das Verfassen der Bildbeschreibungen und die zahlreichen sonstigen hilfreichen Arbeiten, ohne die dieser Band nicht hätte entstehen können.

Anja Schellinger und Christof Strauß
Herausgebende

Willy Pragher
Kurzbiografie

4. Mai 1908	Geburt Wilhelm Alexander Pragers als Sohn einer deutschen Mutter und eines rumänischen Vaters in Berlin.
1928	Erste eigene Fotokamera.
ca. 1928–1930	Ausbildung in Satz-, Druck- und Reproduktionstechnik beim Ullstein Verlag in Berlin.
1930–1932	Ausbildung zum Gebrauchsgrafiker auf der Reimann-Schule, einer privaten Kunst- und Kunstgewerbeschule in Berlin.
1931	Erwerb der deutschen Staatsbürgerschaft.
1932	Lehrer für Foto-Grafik an der Reimann-Schule; Verkauf von Fotos an Zeitschriften; Erledigung von Fotoaufträgen und Unterhaltung eines eigenen Bilderdienstes.
1934	Eintragung in die Berufsliste des Reichsverbandes der Deutschen Presse aufgrund des sogenannten Schriftleitergesetzes: Praghers Bilder erscheinen auch in NS-Druckwerken, der Fotograf steht aber am Rand der ideologisch aufgeladenen Bildberichterstattung.
ca. 1936	Änderung des Namens Prager in Pragher zur Vermeidung der Verwechslung mit dem jüdischen Künstler Willy Prager
1939–1944	Arbeit bei einer Ölvertriebsfirma in Rumänien als Werbefotograf und -grafiker, Pragher fotografiert dort und in benachbarten Ländern.

Ich am Schreibtisch mit Archivtaschen

Willy Pragher (1908–1992)

1944	Verpflichtung zum Kriegsdienst, nach der Kriegserklärung Rumäniens an das Deutsche Reich im August wird Pragher als feindlicher Ausländer inhaftiert.
1945	Pragher wird nach Plast/Sibirien in sowjetische Gefangenschaft verbracht.
Ende 1949	Entlassung aus der Gefangenschaft; Niederlassung in Freiburg, wo Frau und Kind seit 1943 leben.
1950	Neugründung der Firma »Pressefoto Willy Pragher«, weiterer Aufbau seines aus Berlin geretteten Foto-Archivs; in den folgenden Jahren Pressereisen und private Reisen in alle Gegenden Europas und auf fast alle Erdteile.
25. Juni 1992	Willy Pragher stirbt im Alter von 84 Jahren in Freiburg.
1993	Erwerb seines fotografischen Nachlasses durch das Land Baden-Württemberg; Übernahme in die Bestände des Staatsarchivs Freiburg.
2023	Die Digitalisierung der knapp 300.000 Bilder umfassenden Sammlung Pragher im Staatsarchiv Freiburg wird abgeschlossen. Bereits über 150.000 Fotos sind online verfügbar, jedes Jahr kommen tausende hinzu.

RESTAURANT
Alte Burse
IM BURSENGANG

Stadtbild

Bursenganggarten

1. September 1960: Dieser Blick, der heute eher an die Passage auf dem Postareal zwischen Eisenbahnstraße und Bertoldstraße erinnert, zeigt den **Bursengang**. In den 1880er-Jahren im Zusammenhang mit dem Restaurant »Alte Burse« eröffnet, besteht die Passage mit Ausgängen in die Rathausgasse, die Kaiser-Joseph-Straße, die Bertoldstraße und zwischenzeitlich auch in die Universitätsstraße bis 2018. Die Häuser in diesem Karree wurden 1944 komplett zerstört und bis 1960 nur behelfsmäßig wiederaufgebaut, sodass der Bursengang noch kein Dach hat und so die Möglichkeit eröffnet, mit Kübelpflanzen eine Gartenwirtschaft zu imitieren.

Eisenbahnstraße mit Hotel Falken

15. August 1969: Das seit 1885 in Familienbesitz befindliche **Hotel »Falken«** mit der »Weinstube Ihringer« ist lange Jahre eine über die Stadtgrenzen von Freiburg hinaus bekannte und beliebte Lokalität. 1906 tritt Hermann Ihringer junior, der Sohn des Firmengründers, nach seiner gastronomischen Ausbildung im europäischen Ausland, unter anderem bei dem Meisterkoch Auguste Escoffier (1846–1935), und in den USA in das väterliche Geschäft ein und leitet dieses bis zu seinem Tod 1960. Darüber hinaus macht sich Ihringer auch mit eigenen Weinbergen am Kaiserstuhl einen Namen und bietet im »Falken« ausschließlich badische Weine an. Im Mai 1979 wird das Hotel endgültig geschlossen. Das gegenüberliegende Juweliergeschäft zeigt noch heute die auf dem Bild zu sehenden Ringe und die Uhr als prägnante Werbung.

Französische Militärkapelle mit Hörnern

3. Mai 1969: Soldaten des 19e bataillon de chasseurs à pied (französisches Jägerbataillon zu Fuß), zu erkennen an den Wimpeln, geben ein Konzert auf dem Rathausplatz. Vielleicht interessanter ist jedoch das Haus im Bildhintergrund. Das Nachbargebäude zur Martinskirche in der **Franziskanerstraße 9** muss abgestützt werden, weil das Haus daneben, die Nummer 11, auch 24 Jahre nach Kriegsende noch immer nicht wiederaufgebaut ist.

Festakt vor dem Bertoldsbrunnen mit Oberbürgermeister Dr. Keidel, Prof. Heilmeyer u. a.

27. November 1965: Der heute umstrittene Prof. Ludwig Heilmeyer (1899–1969), Inhaber des Lehrstuhls für Innere Medizin am Universitätsklinikum Freiburg und Direktor der Medizinischen Universitätsklinik, gönnt sich unter den Augen der Zuschauerinnen und Zuschauer einen Krug Wasser bei der Einweihung des neuen **Bertoldsbrunnens.** Die Freude der Freiburger Bevölkerung hält sich in Grenzen, sind doch viele von der abstrakten Gestaltung der Bronzefigur nicht angetan.

HERDER

Stadtbibliothek im Bau, von Turmspitze

August 1961: An dieser Stelle ist bis heute die Hauptstelle der **Stadtbibliothek** untergebracht. Selbst wenn es noch einige Lücken und Freiflächen gibt – ein großer Teil der Altstadt ist wiederaufgebaut. Heutzutage unvorstellbar: auch der Münsterplatz wird als Parkfläche verwendet.

‹ *Blick auf Bertoldstraße und Münster*

26. April 1961: Die Einweihungsfeier des Neuen Kollegiengebäudes (KG II) der Universität bietet Willy Pragher die Chance auf einen guten Ausblick. Das Bild verdeutlicht den Wandel der Prioritäten in der Verkehrsplanung. **Autoparkplätze** nehmen in der ohnehin eher beengten Innenstadt viel Platz ein. Das Gerüst am Münsterturm zeigt, dass dessen Erhalt eine generationenübergreifende Daueraufgabe ist.

Von der Sterngalerie auf Münsterplatz

18. August 1965: Die Sterngalerie umrundet den Turm des Freiburger Münsters auf etwa 37 Meter Höhe. Das Bild zeigt die Südseite des **Münsterplatzes** westlich des Historischen Kaufhauses mit den – sommerlich reich bestückten – Obst- und Gemüseständen des werktäglich stattfindenden Marktes. Farblich passend reiht sich die Bestuhlung der angrenzenden Gastronomie ein.

◂ *Münsterschiff und Hahnentürme von der Kreuzblume*

10. August 1963: 19 Jahre nach dem verheerenden Bombenangriff vom November 1944 sind **im Stadtbild noch Lücken** zu sehen: Die Freiburger werden noch bis 1971 warten müssen, bis der 1969 begonnene Neubau des Kornhauses die offene Fläche an der Nordwestecke des Platzes wieder füllt. Dahinter wird dann später auch der Bau für das Kaufhaus Hertie entstehen.

Schnee schippende Nonne

20. Februar 1963: Der Winter 1962/1963 geht als **Jahrhundertwinter** in die Annalen ein. Heute scheinen solche Schneemassen illusorisch. Die idyllisch wirkende Szene einer schneeschaufelnden Ordensfrau auf dem Münsterplatz zeigt im Hintergrund das Café Kühnle und die Badische Bank sowie den noch heute stehenden Georgsbrunnen. Bei diesem handelt es sich um den »Münsterplatzbrunnen«. An seiner Stelle war bereits im 14. Jahrhundert ein Brunnen errichtet worden, als der Münsterplatz noch als Friedhof genutzt wurde.

Konviktstraße mit Schwabentorturm

15. Mai 1968: Der Blick geht in den südlichen Teil der **Konviktstraße.** Die Häuser hier sind von den städtischen Abrissarbeiten der 60er-Jahre verschont geblieben und konnten Teile ihrer historischen Bausubstanz bis heute bewahren. Bereits in den 30er-Jahren hatte die Stadt Freiburg die Gebäude der nordöstlichen Straßenseite angekauft, um sie abzureißen. Ausgerechnet die Konviktstraße blieb von Bombentreffern weitgehend verschont – nur ein Haus brannte aus. Dennoch entschied sich die Stadt für den Abriss des angekauften Teils, um Platz zu schaffen für die Schlossberggarage und für mehr – und vor allem zahlungskräftigere – Bewohner.

Park auf dem Wallgraben und Schwabentor

Februar 1962: Idyllisch wirkt die Ansicht aus der Grünanlage an der Wallstraße auf das Schwabentor. Außer dem Tor steht heute keines der abgebildeten Gebäude mehr. Die **Möbelhalle,** an das sogenannte Feuerbachhaus angebaut, dient ab etwa 1890 genossenschaftlich zusammengeschlossenen Schreinermeistern als gemeinsames Lager ihrer Waren. Auch Polsterarbeiten werden hier gemeinschaftlich durchgeführt. 1965 muss die Halle samt Haus zur Verbreiterung der Straße einem Neubau weichen (siehe S. 6).

Schwabentorplatz mit Greiffenegg-Schlössle

Februar 1962: Im Gebäude am Schwabentorplatz 1, links im Vordergrund, findet sich 1962 im Erdgeschoss eine Filiale der Lebensmittelhandlung Gottlieb. Den Vorgängerbau, das sogenannte **Pfefferlehaus,** hatte man als Hindernis an der Einmündung der ehemaligen Schlossbergstraße wahrgenommen und Ende der 50er-Jahre abgerissen. Doch auch diesem verkehrsgerecht versetzten Haus ist kein langes Leben beschieden. Mit dem Bau des heutigen Schlossbergrings bzw. Schwabentorrings fällt er bereits Ende der 60er-Jahre den baulichen Veränderungen in Freiburg im Sinne einer autofreundlichen Stadt zum Opfer. Die im Hintergrund sichtbare Häuserzeile unterhalb des Greiffenegg-Schlössles bleibt verschont und steht auch heute noch.

Schwabentorplatz und Gewerkschaftshaus vom Schwabentor

19. August 1963: Auch das Gebäude neben dem Nachfolgebau des Pfefferlehauses, unter anderem Sitz der Papiergroßhandlung Eugen Krauss (Bildmitte links), verschwindet im Zuge der Straßenverbreiterung. Deren baulich prominentestes »Opfer« ist aber wohl das **Gewerkschaftshaus** in der Bildmitte. Ursprünglich ein Hotel, erwarb 1920 die »Freiburger Gewerkschaftshaus e.G.m.b.H« den Bau, der 1933 zwangsweise in den Besitz der NS-Massenorganisation Deutsche Arbeitsfront überging. Das Landgericht Freiburg machte 1949 diesen Unrechtsakt rückgängig. In der Folgezeit wird das Gebäude bis in die späten 60er-Jahre unter anderem wieder als Hotel genutzt, bevor es Anfang des neuen Jahrzehnts weichen muss. Seinen Platz nimmt seither ein grobschlächtiger 70er-Jahre-Bau ein.

Dreisamufer mit alter Schwabentorbrücke

11. Januar 1968: Die Schwabentorbrücke, eine Ende des 19. Jahrhunderts errichtete Nachfolgekonstruktion für einen 1896 durch Hochwasser zerstörten Übergang, ergänzt man 1967 durch die Greiffeneggbrücke, reißt in den 70er-Jahren die alte Brücke ab und ersetzt sie durch ein mit historischen Elementen angereichertes Betonbauwerk. Für den Bau der 1973 fertiggestellten Leo-Wohleb-Straße müssen historische Gebäude nicht nur in der Schwarzwaldstraße weichen. Auch am nördlichen **Dreisamufer** wird massiv in die bestehende Bausubstanz eingegriffen, was an der Uferbebauung und dem Verschwinden des nur teilweise sichtbaren Gebäudes am rechten Bildrand deutlich wird. In diesem Bereich befinden sich nun eine Kreuzung, ein Fußweg unterhalb der Leo-Wohleb-Straße, eine neu errichtete Häuserzeile und daran anschließend die Schwabentorgarage.

Papierfabrik Flinsch vom Hochhaus Runzstraße

20. August 1964: Entlang der Kartäuserstraße an der Dreisam sind neben kleineren Firmen in den 60er-Jahren noch die zwei großen Industriebetriebe MEZ und Flinsch ansässig, von denen heute nichts mehr zu sehen ist. Letztere, die **Papierfabrik Flinsch,** geht auf eine Papiermühle zurück, die Heinrich Ferdinand Gottlob Flinsch (1802–1865) 1844 von Josef Bischof erwarb und in den 1850er-Jahren zu einer Fabrik ausbaute. Neben dem Fertigungsgebäude entstanden mehrere Arbeiterwohnhäuser, rechts im Bild zu sehen. 1973 zieht die Firma, längst unter anderem Namen laufend, auf die Haid um. Das gesamte Gelände wird daraufhin neu bebaut.

Blick vom Studentenwohnheim in der Runzstraße auf Anlagen des Städtischen Gartenamtes

7. Mai 1963: Ein rechteckiges Raster aus Wegen zieht sich über das Gelände des **Städtischen Gartenamtes** zwischen Oberau und Waldsee. Hier werden Bäume und Pflanzen für die Grünanlagen der Stadt gezogen. Bis in die 30er-Jahre befand sich dieser Anzuchtgarten in der Hebelstraße in Neuburg. Heute steht hier an der Schwarzwaldstraße die Musikhochschule.

Jägerhäusle

11. Februar 1966: Auf dem Foto ist das geschlossene **»Jägerhäusle«** zu sehen. Heute erinnert nur noch eine Stützmauer am Rand des Wanderparkplatzes an das einstmals beliebte und florierende Ausflugslokal oberhalb von Herdern. Ursprünglich stand hier ein landwirtschaftliches Gut, das um 1800 von der Stadt erworben wurde, die darauf ein Forst- und Jägerhaus errichtete. Dieses wandelte sich mehr und mehr zum Gasthaus. Der letzte Pächter war Max Peter. Ein Gast, Leumundszeuge in Peters Entnazifizierungsverfahren, urteilt 1947: »Er führte sein Lokal mustergültig, die Sauberkeit des Lokals war tadellos, das Essen war vorzüglich […] die Weine hervorragend, das langjährige Personal durchweg liebenswürdig und fleissig, wie der Pächter selbst.« Mit Max Peters Tod im Mai 1962 endet auch die Ära des »Jägerhäusles«. Mehrere Versuche, das Lokal wiederzubeleben, scheitern. Das Gebäude wird schließlich 1968 verkauft und später gänzlich abgerissen.

Blick von der Terrasse des Physikinstituts auf das Herderhaus, Vordergrund Geländer

4. April 1962: Neben dem Herderbau im Vordergrund ist rechts das **Kepler-Gymnasium** an seinem alten Standort zu sehen. Das Gebäude der 1907 als Realgymnasium eingeweihten Lehranstalt wurde im Zweiten Weltkrieg stark beschädigt und danach nur unzureichend wiederhergerichtet beziehungsweise baulich ergänzt. 1991 fasst die Stadt Freiburg den Entschluss, den Bau abzureißen und das Gymnasium in den Stadtteil Rieselfeld zu verlegen. Nur der Turm an der Habsburgerstraße wird übrig bleiben.

Einweihung Augen-HNO-Klinik, Blick auf Elsässerstraße

26. Oktober 1964: Die Eröffnung des neuen Hochhauses für die HNO- und Augenklinik nutzt Pragher für einen Blick nach Westen Richtung Flughafen. Im Vordergrund hinter den Gleisen der Güterbahnstrecke liegen wiederaufgebaute, nun als Wohnraum genutzte Gebäude der ehemaligen Artilleriekaserne. Schräg daneben geht die **Heidenhofstraße** ab. Ihr zur Rechten herrschen noch Trümmergrundstücke vor, links stehen die Gebäude wieder, beginnend mit dem Gasthaus »Heidenhof«, dem früheren Spitalhof. Ganz hinten rechts im Wald kann man schon die Anfänge des Wolfsbuck erkennen, der durch die Trümmer des Krieges und die folgende Nutzung als Deponie wächst.

Miets- und Geschäftshaus Wilhelm Schäfer, Eschholzstraße, Breisacher Straße, mit Tankstelle

28. Februar 1963: Ein Anblick, der das Herz zeitgenössischer Städteplaner höherschlagen lässt: eine **große Straßenkreuzung** mit genügend Platz für Autos, die Regelung des Verkehrsflusses durch eine funktionale Ampelanlage, die zugleich die Sicherheit der Fußgänger gewährleistet, Anschluss an Fernverkehrsstraßen, eine Tankstelle und zudem noch eine moderne Wohnbebauung in Form nüchterner Mehrfamilienhäuser. Was will man mehr?!

Neue Straße an den Hochhäusern Schönbergstraße, von oben

3. November 1964: Dieses Bild, aufgenommen vom gegenüberliegenden Gebäude, dem Pressehaus der Badischen Zeitung, zeigt die Umgestaltung der Straßenführung im östlichen Haslach. Die **Eschholzstraße** wird bis zur Basler Straße verlängert, die Schönbergstraße dafür verkürzt. So benannt ist nur noch das Teilstück, das hinter den neuen Hochhäusern zu sehen ist. Im Hintergrund sieht man ein älteres Gebäude. Dieses gehört zur bekannten Gartenstadt, einer 1914–1930 nach englischem Vorbild angelegten Siedlung. Sie ist heute ein Kulturdenkmal und ein Stück Freiburger Baugeschichte.

Studentensiedlung, vom Hochhaus auf Blocks und Baggersee

16. Februar 1965: Der Flückigersee wird von der gleichnamigen Firma noch als **Baggersee** zur Sand- und Kiesgewinnung genutzt. Am östlichen Ufer fällt der Blick nicht wie heute auf Sport- und Freizeitanlagen, sondern auf Brachflächen. Die »StuSie«, die Studentensiedlung an der Sundgauallee, befindet sich noch im Bau.

Strandbad Flückigersee mit Studentensiedlung

4. Juni 1967: Später entsteht am Flückigersee ein modernes **Freibad** mit künstlich errichteten Schwimmbecken und Zugang zum See. Das dazugehörige Hallenbad wird erst in den 70er-Jahren gebaut. Mit der Gestaltung des Seeparks verschwindet erst der Zugang zum See, seit 2003 liegt das Außenschwimmbecken brach. Dieses soll in naher Zukunft neu gestaltet und barrierefrei wiedereröffnet werden.

Bischofslinde, Betonstützen der neuen Kirche im Bau

17. Januar 1968: Ein Sakralbau, zusammengesetzt aus Fertigbetonteilen: Der Freiburger Architekt Erwin Heine (1909–1996) schafft mit der katholischen **Kirche St. Albert** in Betzenhausen-Bischofslinde einen 16-strahligen, sternförmigen, 28 Meter hohen »Rundbau« für die neugegründete Kirchengemeinde. Heine selbst, die spätgotischen Baumeister bewundernd, plädiert vehement für eine angemessene zeitgenössische Formensprache unter Verwendung moderner Techniken und Materialien.

Röhren im Schlamm vor der Siedlung

26. Februar 1967: Wohnungsknappheit führt in den 60er-Jahren zur Entstehung neuer Stadtteile in Freiburg. Mit der Bebauung des Stadtteils **Weingarten** im Freiburger Westen wird 1964 begonnen und bereits drei Jahre später können die Häuser, die zu großen Teilen durch die »Freiburger Stadtbau« errichtet werden, bezogen werden. Hier zu sehen ist ein Block in der Sulzburger Straße.

Weingarten-Hochhäuser mit Straße Binzengrün von Süden

18. August 1967: Weingarten besticht durch den Kontrast von Enge und Weite: Hochhäuser bieten mit nur geringem Flächenverbrauch sehr vielen Menschen Wohnraum und zugleich durch die großzügigen Grünflächen dazwischen Möglichkeiten zur Erholung. Der weite Winkel, mit dem dieses Bild aufgenommen wurde, lässt selbst die **Straßenkreuzung Binzengrün/Opfinger Straße,** hier vom Goldammerweg aus aufgenommen, weitläufig erscheinen.

Siedlung Landwasser-matten, Vordergrund See

24. April 1966: Nördlich von Weingarten wächst mit **Landwasser** ein weiterer neuer Stadtteil. Die ersten Häuser sind bereits errichtet. Der elf Meter tiefe Moosweiher im Vordergrund entstand im Zuge der Kiesgewinnung für den Bau der A 5. Ein so unverstellter Blick auf den Schwarzwald bietet sich heute aufgrund des mittlerweile dichten Uferbewuchses nicht mehr.

Baggersee Landwasser-matte mit Siedlung

22. Mai 1966: An diesem sommerlichen Frühlingstag zieht es viele Badefreunde an den **Moosweiher.** Ihnen bietet sich ein herrlicher Blick auf Schlossberg, Rosskopf und Schauinsland. Die Blöcke in der Auwaldstraße werden bald neuen Wohnraum bieten.

Wohnblocks Landwasser

20. Mai 1968: Die Schaffung von Wohnraum ist dringend notwendig, denn in den 50er- und 60er-Jahren wächst die Bevölkerung Freiburgs stark. Die **Einwohnerzahl steigt** von rund 110.000 im Jahr 1950 in nur zwanzig Jahren auf etwa 162.000.

Eröffnung des Einkaufszentrums

28. November 1968: Erst zwei Jahre nachdem die ersten Bewohner in Landwasser einziehen, werden angemessene Einkaufsmöglichkeiten geschaffen. Gut 50 Jahre später reißt man den ganzen Gebäudekomplex **»Einkaufszentrum Landwasser«** ab und gestaltet die Fläche neu.

Terrassenhaus am Lorettoberg

26. Mai 1969: Zeittypische Bauformen halten auch in älteren Stadtteilen mehr und mehr Einzug, so etwa unmittelbar neben dem Hildaturm am **Kapellenweg** mit Ausblick auf die Wonnhalde.

Regierungspräsidiums-hochhaus am Theater

27. April 1968: Farbaufnahmen nehmen den deutlich kleineren Teil von Willy Praghers Werk ein. Für seine Arbeit als Pressefotograf war die Schwarzweißfotografie zumeist völlig hinreichend. Umso interessanter erscheint dieser Blick auf die städtische Architektur und den Verkehr Ende der 60er-Jahre: Die nordwestliche Straßenecke Bertoldstraße/heutiger Rotteckring war vormals Sitz des Bertold-Gymnasiums, das beim Luftangriff vom 27. November 1944 völlig zerstört und an der Hirzbergstraße an der Dreisam neu errichtet wurde. An seine Stelle tritt ein hoch aufgeschossenes **Dienstgebäude des Regierungspräsidiums.** Dass der VW Käfer sprichwörtlich zum »Renner« auf Deutschlands Straßen wurde, zeigt das Bild ebenso, findet man doch auf dem Foto allein sechs Exemplare.

Vom Hochhaus des Regierungspräsidiums, neues Bürohaus am Ring und alte Ecke

7. Mai 1962: Auf dem Platz vor dem **Kollegiengebäude II** stand vor dem Krieg unter anderem die bei den Novemberpogromen 1938 zerstörte Synagoge. Seit November 1962 erinnert an sie ein unauffälliger Gedenkstein. Dieser ist heute Teil des 2017 fertiggestellten Brunnens in Form des Synagogengrundrisses. Die im Vordergrund sichtbaren Behelfsläden – Relikte der Nachkriegszeit – verschwinden mit den Jahren.

Schlossbergbahn von unten

8. August 1968: Die über 250 Meter lange **Luftseilbahn** vom Freiburger Stadtgarten auf den Schlossberg zum Restaurant Dattler eröffnet als »Schloßberg Seilbahn Pyhrr KG« ihren Betrieb als einzige innerstädtische Luftseilbahn in Deutschland. Mit acht zweisitzigen Kabinen überwindet die Bahn etwa 73 Höhenmeter. 2006 wird der Betrieb eingestellt, 2008 in Form eines Schrägaufzugs wieder aufgenommen.

Kabine in der Bergstation auf dem Schlossberg mit Münster

12. September 1968: Auf der kurzen Fahrt können die Fahrgäste den Blick auf die Stadt und das Münster genießen. In der rechten Bildhälfte sieht man zwischen der Kabine und der Stütze den Gebäudekomplex der **ehemaligen Karlskaserne,** unmittelbar davor die Baustelle für das Kongresszentrum »Karlsbau«.

Großbaustelle der Tiefgarage am Karlsplatz

8. November 1967: Seinen Spitznamen erhält der **»Karlsklotz«** aufgrund seiner Dimensionen, denn schon die Ausmaße der Baugrube lassen erahnen, hier entsteht etwas Großes: Zwischen Altstadt und Stadtgarten, direkt hinter dem Westflügel der ehemaligen Karlskaserne, wächst auf dem früheren Exerzierplatz ein riesiger Gebäudekomplex mit Tiefgarage, Hotel, Kongresszentrum, Restaurants und Geschäften.

Siegesgöttin auf der Nase

September 1962: Die **Siegesgöttin,** erinnernd an den Krieg 1870/71, liegt am Boden – nicht zu Fall gebracht durch die 1945 siegreich einmarschierenden Franzosen, sondern durch den zunehmenden Individualverkehr. Um diesem mehr Platz zu verschaffen, wird der 1962 noch namenlose Platz, der heutige Europaplatz, großflächig umgebaut.

Bau des Fußgängertunnels am Platz Siegesdenkmal

September 1962: Dafür wird das Siegesdenkmal, dessen Sockel rechts im Bild noch zu erkennen ist, weiter nach Westen versetzt und der gesamte Platz für eine **Fußgängerunterführung mit Ladengeschäften** untertunnelt. 2016/2017 macht man diese Maßnahme wieder rückgängig. In der Baugrube gut zu erkennen sind die Mauerreste eines Teils der ehemaligen Vauban'schen Festung, der Bastion am Christoffelstor.

Blick aus dem Fußgängertunnel auf Siemens-Haus

März 1964: Von den unteren Stufen der neuen Unterführung am Siegesdenkmal aus mag Freiburg – mit den fortschrittsgläubigen Augen der frühen 60er-Jahre – **wie eine Metropole** wirken. Der Blick fällt allerdings nicht auf das Siemens-Haus, das sich weiter nördlich in der Habsburgerstraße befindet. An der Stelle des abgebildeten Gebäudes steht heute ein Hotel. Die innerstädtischen Fußgängerunterführungen verschwinden nach und nach.

FORD
CC
S-9001

Politik und Zeitgeschehen

Hauptbahnhof, Auto mit Amerikastandarte

30. Juni 1960: Anlässlich eines Vortrags in der Aula der Universität reist **US-Botschafter Walter C. Dowling** (1905–1977) mit dem Zug an. Für den letzten Teil seiner Reise steht dieser Ford an Bahnsteig 1 des Freiburger Hauptbahnhofs bereit. Sowohl die beiden Flaggen als auch das ovale »CC« (corps consulaire) neben dem Nummernschild weisen das Auto als Diplomatenfahrzeug aus.

Mensastreik-Plakat auf Parkplatz

18. Mai 1961: Anstatt in Scharen in die neue **Mensa** an der Rempartstraße zu strömen, meiden zahlreiche Studierende die Einrichtung. Für die Ausgabe von 2500 Mittagessen täglich ist der Bau ausgelegt, doch nur 1000 werden tatsächlich ausgegeben. Und nun soll sogar gestreikt werden. Grund dafür: die Preise. 1,20 DM kostet ein Mittagessen, vorher waren es 90 Pfennige. Zu viel, meinen die Studierenden. Ihr Protest ist teilweise erfolgreich: statt der geforderten 1 DM wird der Preis auf 1,10 DM heruntergesetzt.

Publikum bei der Wahlversammlung Willy Brandt

8. August 1961: Bei der Bundestagswahl 1961 tritt der regierende Bürgermeister von Berlin **Willy Brandt** (1913–1992) zum ersten Mal als Kanzlerkandidat der SPD an. Die Wahl gewinnt Konrad Adenauer. Brandt hat erst acht Jahre später im dritten Anlauf Erfolg. Das Interesse in Freiburg ist allerdings groß und die Stadthalle zum Bersten gefüllt, als Brandt dort eine Wahlkampfrede hält.

Treuekundgebung für Berlin, Fackelzug vom Peterhof zum Münster

8. Dezember 1961: Auf Einladung des Amerika-Hauses und des »Kuratoriums Unteilbares Deutschland« spricht der Berliner Innensenator Joachim Lipschitz (1918–1961) vor 1500 Zuhörerinnen und Zuhörern an der Universität Freiburg über die Lage in Berlin nach dem **Mauerbau** am 13. August 1961. Nach der Veranstaltung ziehen Studierende der Universität in einem Fackelzug durch die Stadt zum Münster, um ihre Solidarität mit Berlin und seiner Bevölkerung zu bekunden.

Enthüllung der Ehrentafel für die Fliegeropfer der Post am 27. November 1944, Feierstunde vor der Ehrentafel

27. November 1961: Beim schwersten **Luftangriff** auf Freiburg starben fast 2800 Personen. Große Teile der Innenstadt wurden zerstört, darunter auch das Gebäude der Post in der Eisenbahnstraße. Im 1961 errichteten Neubau wird am Jahrestag des Angriffs feierlich eine **Gedenktafel** mit den Namen der 99 an dieser Stelle beim Luftangriff umgekommenen Personen enthüllt.

Plakat zur 1. Telstar-Übertragung

23. Juli 1962: Fünf Jahre nach dem sogenannten »Sputnik-Schock« – die Sowjetunion brachte 1957 den ersten Satelliten ins Weltall – kontern die Amerikaner und schießen mit »Telstar« einen Kommunikationssatelliten in eine Erdumlaufbahn. Damit kann man zum ersten Mal Kurzwellensignale über große Distanzen senden und verstärken, eine Voraussetzung für die Übertragung von bewegten Bildern. Zwei Wochen später, groß angekündigt, laufen die ersten **Live-Aufnahmen aus Übersee** auf den Bildschirmen. Über 200 Millionen in ganz Europa sehen sich das Spektakel an. In Freiburg bietet natürlich das Amerika-Haus diese Möglichkeit.

Demonstration gegen Verteidigungsminister Strauß vor der Mensa

16. November 1962: Im Oktober 1962 berichtet »Der Spiegel« unter der Überschrift »Bedingt abwehrbereit« kritisch über ein NATO-Manöver. Die Bundesanwaltschaft und das Verteidigungsministerium wittern Landesverrat und in der Folge wird auch auf Betreiben von Franz Josef Strauß (1915–1988) hart gegen das Nachrichtenmagazin vorgegangen: mehrere Redakteure und auch Herausgeber Rudolf Augstein (1923–2002) werden in Gewahrsam genommen. Daraufhin bricht – auch und gerade in studentischen Kreisen – ein Sturm der Entrüstung los. Als sich die Vorwürfe nicht halten lassen, führt die **»Spiegel-Affäre«** zu einer Regierungskrise, die Franz Josef Strauß schließlich zum Rücktritt zwingt.

Kongress der Laboratoriumsärzte

1963: Ein Kongress von Laboratoriumsärzten in Freiburg wird von zahlreichen Ausstellern begleitet. Hier stellt die Firma Organon ihren immunologischen **Schwangerschafts-Schnelltest** vor. Solche Tests lösen ältere Verfahren wie etwa den sogenannten Froschtest ab, bei dem die Reaktion von Fröschen auf die Injektion mit Schwangerenurin als Indikator dient. Erst im folgenden Jahrzehnt stehen die modernen Tests für den Massengebrauch zuhause zur Verfügung.

Messplatz, Schausteller der Messe bewirten Gäste aus dem Altersheim, eine 80-Jährige tanzt

Mai 1963: Zweimal jährlich, im Frühjahr und im Herbst, findet die **Freiburger Mess'** statt – lange Zeit als kombinierte Verkaufs- und Vergnügungsveranstaltung. Dabei kommen auch soziale Aspekte nicht zu kurz.

Vereidigung bei der 12. Panzerdivision; Rekruten vor dem Münster

24. Mai 1963: Obwohl in Freiburg keine Soldaten der Bundeswehr stationiert sind, sieht man an diesem Tag über tausend von ihnen in der Stadt. So ist es nicht verwunderlich, dass Willy Pragher sich bei der Titelvergabe geirrt hat. Das Gelöbnis von 450 Rekruten der 12. Panzerdivision und der 10. Panzergrenadierdivision findet um 21 Uhr auf dem Karlsplatz statt. Am späten Nachmittag jedoch machen 720 katholische bayerische und 50 amerikanische Soldaten auf ihrer **Wallfahrt nach Lourdes** in Freiburg Station, um im Münster an einer von Standortpfarrer Pius Enderle (1917–1994) gefeierten Messe teilzunehmen. Anschließend fahren sie weiter nach Frankreich, wo insgesamt 40.000 Soldaten aus der ganzen Welt zusammentreffen.

Großbrand der Wachsfabrik Birmelin

9. Juli 1963: Mächtige Rauchwolken färben den Himmel über Freiburg-Ebnet schwarz. Einige Schaulustige wohnen dem schaurigen Spektakel bei. Der Großbrand der **Wachswarenfabrik Hermann Birmelin KG** in der Brunnenstraße, heute Bruggastraße, vernichtet fast die gesamte Fabrik und verschont lediglich die Büroräume. Beim folgenden Wiederaufbau steht daher der Brandschutz im Vordergrund.

Dattler, Berliner Junge und ein Bobbele beim SWF-Interview

1. August 1963: Bereits während der Blockade Berlins 1948/49 wurden Kinder aus der Stadt ausgeflogen, um außerhalb ihre Ferien zu verbringen. Seit der Gründung der ARD Fernsehlotterie 1956 zugunsten des »Hilfswerks Berlin« hatte die nun als Stiftung fungierende Unternehmung eine solide finanzielle Grundlage, um bedürftigen Kindern und Familien Erholung zu ermöglichen. 1963 kommen so schon zum wiederholten Mal **Kinder aus Berlin** auch nach Freiburg; über 30 sind es in diesem Jahr. Straßenbahnerfamilien haben sich sogar auf eigene Initiative hin um ein Kind bemüht. Vor dem Interview waren die jungen Gäste von der Stadt zu Kakao und Kuchen im »Dattler« eingeladen.

»Auto zu verschenken«, Art für Zimmersuche von Studenten

30. Oktober 1963: **Wohnungsnot** war in Städten mit zahlreichen Studentinnen und Studenten wohl seit jeher ein Problem. Auf rein analoge Mittel begrenzt, muss zu Beginn der 60er-Jahre mit originellen Blickfängen die Aufmerksamkeit möglichst vieler Menschen auf das eigene Anliegen gezogen werden.

Baracke für italienische Arbeiter in der Lehener Straße

13. November 1963: Ob die wenig einladende **Behelfsunterkunft** zu diesem Zeitpunkt tatsächlich (noch) bewohnt ist, muss offenbleiben. Tatsache ist jedoch, dass sich die Unterbringung der seit Mitte der 50er-Jahre als sogenannte »Gastarbeiter« nach Baden kommenden Arbeitsmigranten aufgrund der allgemeinen Wohnungsnot schwierig gestaltet. Viele müssen auch und gerade wegen mangelnder Wertschätzung mit heruntergekommenen Unterkünften vorliebnehmen.

Bürger tragen sich ins Kondolenzbuch zum Tode von Präsident Kennedy ein

22. November 1963: An diesem Tag fällt der Präsident der Vereinigten Staaten von Amerika, **John F. Kennedy** (1917–1963), in Dallas einem Attentat zum Opfer. Die Nachricht seiner Ermordung löst nicht nur in den USA, sondern weltweit großes Entsetzen und Trauer aus. Auch in Freiburg werden – vermutlich erst ab dem Folgetag – im Rathaus und im Amerika-Haus Kondolenzbücher ausgelegt, in die sich zahlreiche Bürgerinnen und Bürger eintragen.

Militärparade zum Abschied von Général Craplet

31. August 1964: Mit entsprechenden militärischen Ehren wird auf dem Freiburger Flugplatz **Général Jean Craplet** (1908–1972) als Kommandeur der 3. Panzerdivision verabschiedet. Bis zu ihrem Abzug 1992 sind die französischen Militärangehörigen und ihre Familien – in den 80er-Jahren noch über 5000 Personen – in der Stadt überaus präsent.

Eröffnung der Tombola zugunsten Kinderlähmungsgeschädigter

19. November 1964: Das Badische Komitee zur Erforschung und Heilung der spinalen **Kinderlähmung** organisiert eine Tombola auf dem Kartoffelmarkt. Obwohl mittlerweile Impfstoffe existieren und die Impfkampagne »Kinderlähmung ist grausam, Schluckimpfung ist süß« auf Hochtouren läuft, erkranken immer noch Menschen an dieser Krankheit, die bis heute zwar nicht heilbar ist, aber dank erfolgreicher Immunisierung in Europa seit den 2000er-Jahren als ausgerottet gilt.

Gesamtanlage

3. Mai 1965: In den 60er-Jahren beginnt die Stadt Freiburg, sich der Fürsorgepflicht der Gemeinde gegenüber Sinti/Roma und sogenannten Landfahrern bewusst zu werden. Diese leben in improvisierten, selbst errichteten Lagern ohne Strom, hinreichend fließendes Wasser und Toilettenanlagen. 1965 baut man daher als Übergangslösung an der Mundenhofer Straße am äußersten Gemarkungsrand **Steinbaracken** für Sinti/Roma und durch einen Erdwall davon abgetrennt für Landfahrer. 26 von 44 Familien ziehen in die Häuser um.

Studentenkundgebung gegen Bildungsnotstand

1. Juli 1965: Auf Initiative des **Allgemeinen Studentenausschusses (AStA)** der Universität Freiburg gehen am 1. Juli 1965 bundesweit etwa 100.000 Studierende für eine Verbesserung der Bildungssituation in Deutschland auf die Straße. Die Demonstrierenden zwischen Peterhof und Kollegiengebäude II kritisieren die ungenügende Ausstattung an den Schulen und Universitäten, einen Mangel an Lehrkräften und vor allem die im Vergleich zum Ausland geringe Zahl an Abiturienten. Schlechtere Bildungschancen haben insbesondere Mädchen sowie Kinder aus dem ländlichen Raum und der Arbeiterschaft.

Richtfest Landwasser, Gäste und Bauarbeiter

14. Juni 1966: Die GEWOG, Gemeinnützige Wohnstättengesellschaft, ein Unternehmen des deutschlandweit agierenden Konzerns NEUE HEIMAT, hat für die Stadt Freiburg den ersten Teil der Wohnungen des neuen Stadtteils Landwasser geplant und ausgeführt. Schon ein Jahr nach Baubeginn können die ersten Mieterinnen und Mieter einziehen. Unter Beisein von Vertretern von Stadt und Land und natürlich auch der ausführenden Bauarbeiter wird **Richtfest** gefeiert. Knapp 10.000 Menschen werden hier ein neues Zuhause finden.

Hauptbahnhof, italienische »Gastarbeiter« im Zug

16. Dezember 1966: In einem von 194 von der Bahn zur Verfügung gestellten Sonderzügen reisen diese Italiener und mit ihnen deutschlandweit etwa 300.000 weitere **»Gastarbeiter«,** auch aus anderen Ländern, über Weihnachten nach Hause. Vielen von ihnen wird allerdings geraten, nach Weihnachten nicht sofort zurückzukommen, sondern erst einmal zu warten, ob sie überhaupt wieder benötigt werden. Denn im Herbst 1966 geht der Bedarf an ausländischen Arbeitskräften erstmals wieder zurück. Die Zahl der deutschen Arbeitslosen wächst. Zugleich melden viele Betriebe Kurzarbeit an.

»Erhards Abgang«

6. Februar 1967: Recht schnell reagieren die Freiburger Närrinnen und Narren auf den Rücktritt von **Bundeskanzler Ludwig Erhard** (1897–1977) im Spätjahr 1966. Der als »Wegbereiter der Sozialen Marktwirtschaft« – so einer seiner Biografen – gefeierte und populäre CDU-Politiker hatte erst 1965 ein großartiges Bundestagswahlergebnis erzielt. Dann aber treten über einen Haushaltsstreit mit dem Koalitionspartner FDP deren Minister zurück. Die Autorität des Kanzlers schwindet, und Erhard verliert allerorten zunehmend an Rückhalt. Zu Erhards parteiinternen Kritikern zählen unter anderem Altkanzler Konrad Adenauer (1876–1967) und der Vorsitzende der Bundestagsfraktion Rainer Barzel (1924–2006). Auch CSU-Chef Franz Josef Strauß (1915–1988) trägt zur Demontage des Kanzlers bei. Erhard lebt nach dem Rücktritt bis zu seinem Tod in Gmund am Tegernsee. Nachfolger im Amt wird Kurt Georg Kiesinger (1904–1988).

Verkehrssperre wegen Erdkröten-Wanderung

15. März 1967: 1958 erreichte der Leiter des Naturkundemuseums Dr. Martin Schnetter (1906–1985), dass die Waldseestraße nachts für den Verkehr gesperrt wird, sobald die **Erdkröten** mit den Wanderungen zu ihren Laichgründen beginnen. Da die Zufahrt zum Waldsee und dem Schützenhaus trotzdem noch möglich ist und die Sperre erst errichtet wird, nachdem die Kröten bereits mit Wandern begonnen haben, ist die Maßnahme allerdings nur teilweise wirkungsvoll.

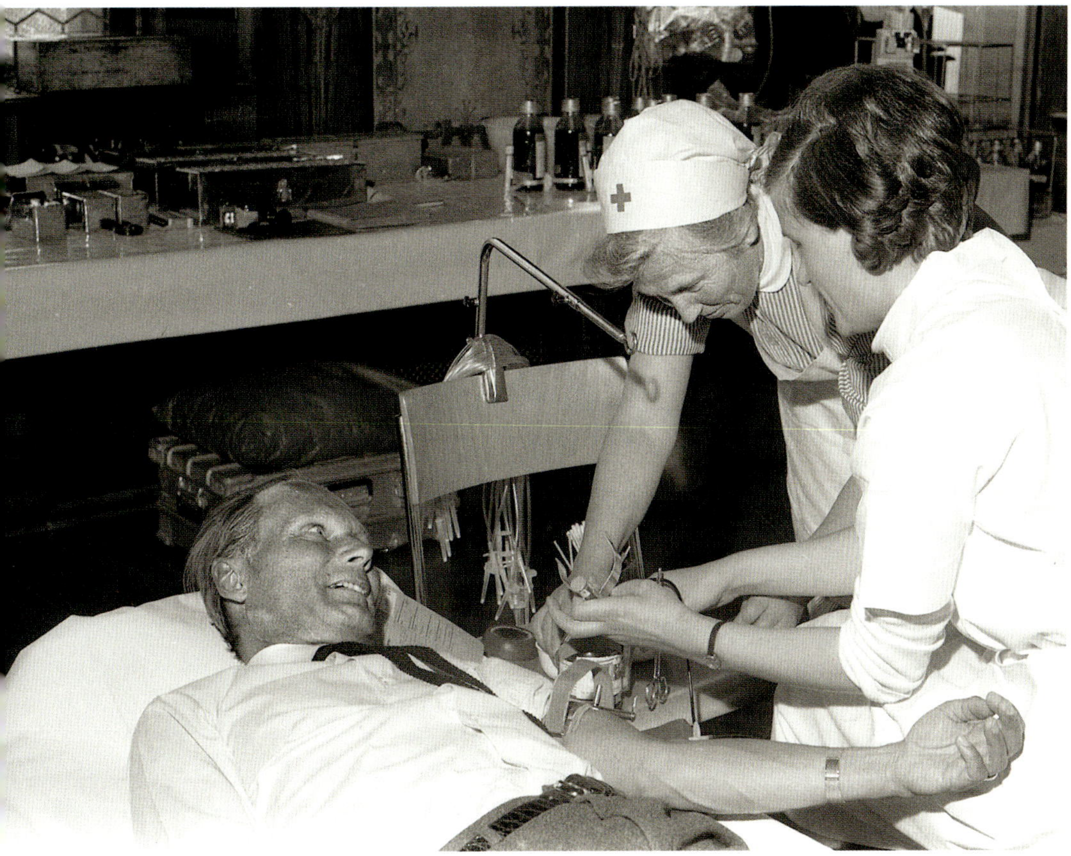

Oberbürgermeister Dr. Keidel, Blutspende für Rotes Kreuz, bei der Blutentnahme

3. April 1967: Im Rahmen einer **Blutspendenaktion** geht Oberbürgermeister Keidel (1909–1991) mit gutem Beispiel voran. Das Deutsche Rote Kreuz sorgt mit seinen Aktionen bis heute für die überwiegende Menge der in Deutschland benötigten Blutpräparate.

Austausch der Partnerschaftsurkunden: Bürgermeister von Padua Crescente, Oberbürgermeister Dr. Keidel

30. September/1. Oktober 1967: Im Geiste eines zusammenwachsenden Europas wird 1967 feierlich im Historischen Kaufhaussaal die Partnerschaft der Städte **Padua** und Freiburg besiegelt. Es ist die dritte nach denen mit Besançon (1959) und Innsbruck (1963).

Feldküchen auf dem Münsterplatz verteilen Essen zugunsten der Münsterbaulotterie

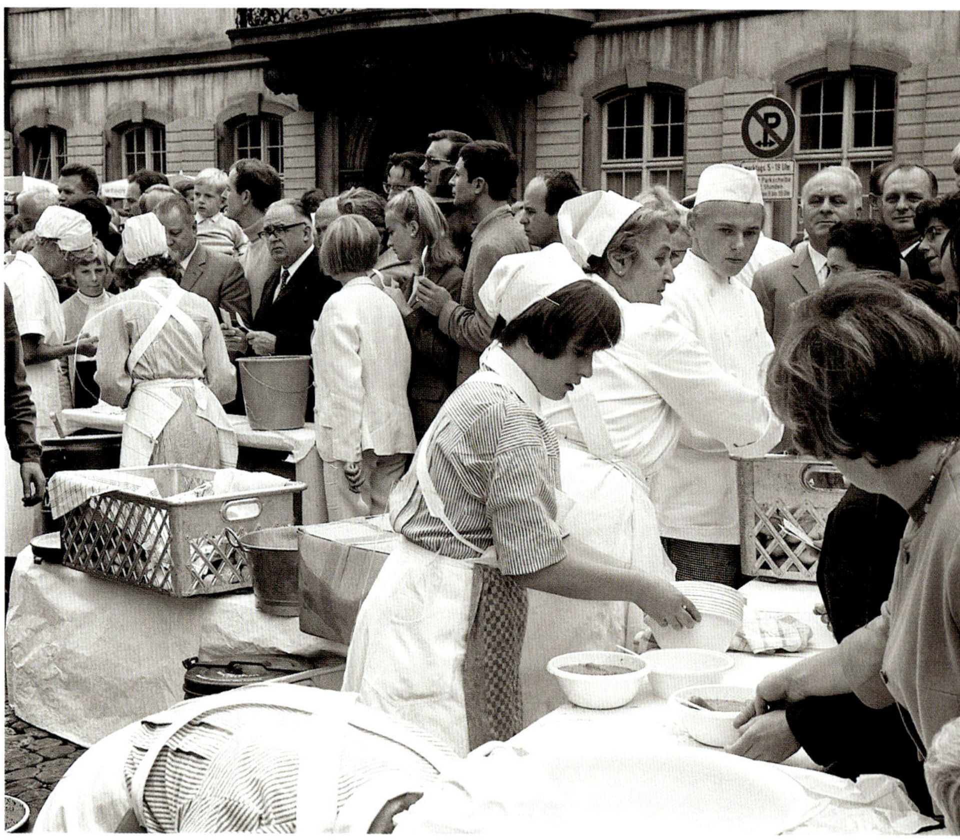

1. Oktober 1967: Seit 1891 führt der **Münsterbauverein** regelmäßig eine Lotterie durch, um seine Kassen für den Erhalt des Freiburger Münsters zu füllen. Als letzte Werbemaßnahme für die 1967er-Lotterie gewinnt man die Landespolizei, das Deutsche Rote Kreuz, die Bundeswehr und die französischen Streitkräfte, die jeweils eine ihrer Feldküchen samt Personal zur Verfügung stellen. Gekocht und verkauft wird – wenig abwechslungsreich – Erbsensuppe mit Speck, Nudeln mit Gemüse und Rindfleisch, Erbsen mit Speck und Würstchen und ein Nudeleintopf mit Gemüse und Fleisch. Die Freiburger Bäckerinnung stiftet Brötchen und die Konsumgesellschaft erweitert das Speisenangebot – wenig überraschend – durch eine Kartoffelsuppe mit Speck und Würstchen. Am Ende des Jahres steht ein Reinerlös von 112.027 DM.

Schlossberg-Bunker von oben mit Straßenbau davor, mit Studenten, die demonstrieren

20. November 1967: Ganz zeittypisch, im Rahmen eines »go-in«, dringen am 21. November 1967 etwa 50 Studentinnen und Studenten bis zur Baustelle im Schlossberg vor, wo sich die Arbeiten am sogenannten **Schlossbergbunker** dem Ende nähern. Der Protest – so ein Artikel in der »Freiburger Studentenzeitung« – zielt auf die Frage der Belegung der begrenzten Schutzraumplätze im Kriegsfall und die Sinnhaftigkeit des teuren Zivilschutzprojekts insgesamt ab. Zudem soll – so ein Vorwurf – die intransparente Informationspolitik der beteiligten Staatsbehörden angeprangert werden. Ungeachtet Praghers nicht ganz korrekter Datierung ist der Fotograf an diesem Dienstag wohl just zur rechten Zeit am rechten Ort.

Studentenkundgebung mit Diskussion zwischen Dutschke und Dahrendorf, von oben

29. Januar 1968: Als im Protestjahr 1968 der Bundesparteitag der FDP in der Freiburger Stadthalle stattfindet, wird auch der Studentenführer **Rudi Dutschke** (1940–1979) von der liberalen Parteijugend eingeladen, mit Vertretern der FDP zu diskutieren. Da der Bundesvorstand der FDP jedoch eine Störung des Parteitages durch Dutschke und seine Sympathisanten befürchtet, müssen sich die rund 2000 versammelten Studierenden mit dem Vorplatz der Stadthalle begnügen, wo sich nun auch einige Vertreter der FDP einfinden, um öffentlich mit Dutschke zu streiten. Unter ihnen ist auch der prominente Soziologe und Politiker **Ralf Dahrendorf** (1929–2009), der zwar mit Reformprozessen durchaus sympathisiert, aber gegenüber Dutschke und der APO (Außerparlamentarische Opposition) auf dem institutionellen Weg des Parlamentarismus beharrt. Als einem Exempel gelebter Diskussionskultur wird dem Spektakel vor der Freiburger Stadthalle bundesweite Aufmerksamkeit zuteil.

Sitzende Demonstranten auf der Kreuzung Bertoldsbrunnen (Fabel), von oben

1. Februar 1968: Wegen Fahrpreiserhöhungen im öffentlichen Nahverkehr in Freiburg kommt es im Februar 1968 zu heftigen Protesten von Schülern und Studierenden. Es beginnt am 1. Februar mit einer **Sitzblockade** von etwa 1000 Personen am Bertoldsbrunnen und steigert sich zu einer gewalttätigen Auseinandersetzung mit der Polizei am 7. Februar, bei der auch Wasserwerfer zum Einsatz kommen. Erst nachdem der Gemeinderat Sondertarife für Schüler, Studierende und sozial schwächer gestellte Menschen beschließt, flauen die Proteste ab.

Versammlung auf dem Rathausplatz, vom Balkon des Rathauses

13. April 1968: Notstandsgesetzgebung, Bildungsmisere, Abrüstung, Vietnamkrieg und der Studentenführer Rudi Dutschke (1940–1979), der bei einem Attentat in Berlin zwei Tage zuvor schwer verletzt wurde, sind Themen bei diesem **Ostermarsch** am Karsamstag 1968. Noch Ende Januar hatte Dutschke mit Ralf Dahrendorf (1929–2009) in Freiburg öffentlich diskutiert. Neben den zahlreichen Studierenden sind bei dieser Demonstration auch ältere Menschen zu sehen.

Särge der in Südvietnam ermordeten Freiburger Ärzte Prof. Krainick, Frau Krainick, Dr. Discher

18. April 1968: Auf dem Hauptfriedhof werden Horst-Günther Krainick (1908–1968), dessen Ehefrau, die gelernte medizinisch-technische Assistentin Elisabeth Krainick (1912–1968), und Raimund Discher (1923–1968) zu Grabe getragen. Mit Unterstützung des Bundes und des Landes Baden-Württemberg hatte eine Gruppe Freiburger Ärzte in den frühen 60er-Jahren begonnen, eine medizinische Fakultät an der Universität von Huế aufzubauen. Im Vietnamkrieg wurde bei der sogenannten **Tet-Offensive** die Stadt Anfang 1968 von nordvietnamesischen Einheiten und Kämpfern der kommunistischen Guerillaorganisation Vietcong eingenommen. Massaker an der einheimischen Zivilbevölkerung und an Ausländern folgten. Nach der Rückeroberung von Huế durch US-Truppen fand man die Leichen der Freiburger und die des Düsseldorfer Mediziners Alois Alteköster (1931–1968). Alle vier waren grausam ermordet worden.

Demonstration gegen die Besetzung der ČSSR, Plakatmaler im Uni-Hof

21. August 1968: Truppen des Warschauer Paktes besetzen die Tschechoslowakei, um die dortigen Reformen und Liberalisierungen – den **»Prager Frühling«** – im Keim zu ersticken. Noch am selben Tag rufen Studierende in Freiburg zu Protesten gegen diesen Einmarsch auf. Damit gleichgesetzt wird von den Demonstrierenden das militärische Eingreifen der USA in Vietnam. Eines der Plakate nimmt auch auf den im Vorjahr begonnenen Biafra-Krieg in Nigeria Bezug. Die Region Biafra hatte sich für unabhängig erklärt, was von der Zentralregierung Nigerias mit einem Militärschlag beantwortet wurde und eine verheerende Hungersnot in der Region zur Folge hat – auf dem Plakat als Völkermord bezeichnet.

Internationale Polizisten an der Haltestelle der E-Straßenbahn

28. September 1968: Die Zweigstelle Freiburg der 1950 gegründeten **International Police Association,** die sich die Förderung der Zusammenarbeit und des Verständnisses zwischen Polizisten über Grenzen hinweg zum Ziel gesetzt hat, feiert ihr 10-jähriges Jubiläum. Zu diesem Anlass fahren die ausländischen und deutschen Gäste in einem 40 Jahre alten Tramwagen zum Empfang bei Oberbürgermeister Eugen Keidel. Bei dieser Gelegenheit wird Geld für die kurz zuvor gegründete »Aktion Sorgenkind« gesammelt, die später in »Aktion Mensch« umbenannt wird.

Filbinger in der Straßenbahn

11. Oktober 1968: Zu Gast bei den Freiburger Verkehrsbetrieben ist **Ministerpräsident Hans Filbinger** (1913–2007), hier bei einer Fahrt durch die Innenstadt auf Höhe der Salzstraße 2 und 4 – C. Kausch Stoffe und Aussteuerwaren sowie Badenia Drogerie Beck.

Wandbeschmierung: »Bullenuni Notzuchtordnung«

19. April 1969: Protest gegen die im Vorjahr verabschiedeten Notstandsgesetze, Kritik an veralteten Strukturen an den Universitäten – dies sind nur zwei Themen der **Studentenbewegung** der 60er-Jahre, die für einen grundlegenden kulturellen Wandel der Bundesrepublik stehen. Neben anderen Protestformen äußern die Studierenden ihren Unmut auch durch Wandparolen, hier an der Rückseite des Kollegiengebäudes III in der Universitätsstraße.

[Sinti/Roma] demonstrieren für bessere [Wohnungen]

15. August 1969: Die erst 1965 für Sinti/Roma errichtete Steinbarackensiedlung ist von Anfang an durch ihre Lage direkt neben dem Rieselfeld und der damit verbundenen Geruchsbelästigung, wegen der Bescheidenheit der Unterkünfte – fließend Wasser nur in manchen Häusern, Toiletten außerhalb des Wohnbereichs – und der Abgeschiedenheit weit vor der Stadt alles andere als ideal. Der **Wunsch nach richtigen Wohnungen** ist bei den Familien, vor allem den jungen Frauen, daher groß. Immer wieder machen sie durch Aktionen wie diese auf dem Rathausplatz auf ihre Situation aufmerksam. 1972 schließlich können sie in eine Reihenhaussiedlung im neuen Stadtteil Weingarten umziehen.

Ausstellung »Schalten und Walten der Hausfrau«

1969: Nachdem das Freiburger Gaswerk zur Herstellung von Stadtgas im Herbst 1965 endgültig stillgelegt wurde, bezieht Freiburg über den Verbund »Gasversorgung Süddeutschland« zunächst als Zwischenlösung Raffineriegas aus anderen Städten. Letztlich strebt man den Bezug von **Erdgas** an, das sich nach Entdeckung großer Vorkommen als preiswertere Alternative anbietet. So wird auch auf der Verbrauchermesse »Schalten und Walten der Hausfrau« im Jahr 1969 angekündigt: »Erdgas kommt!« Bis es so weit ist, dauert es aber noch etwa drei Jahre.

ERDGAS
KOMMT!
Information:
Halle 12 · Stand 502-4
Enorme Preisvorteile!
Enorme Preisvorteile!
Enorme Preisvorteile!
ERDGAS
KOMMT!
Information
Halle 12 · Stand
Coca-Cola
...ein Durst
ein Bier...
ein
Feierling
Bier

Wirtschaft, Verkehr und Infrastruktur

Blick von der Wasser- und Schifffahrtsdirektion auf Knoten Freiburg Nord mit Bahnhof

20. März 1968: Von der Stefan-Meier-Straße aus fällt der Blick auf das Empfangsgebäude des **Freiburger Hauptbahnhofs** im Hintergrund. Eigentlich als Provisorium nach der Zerstörung des Vorgängerbaus beim Bombenangriff vom 24. November 1944 gedacht, wird es erst 1999 im Rahmen der völligen Umgestaltung des Areals durch den heutigen Gebäudekomplex ersetzt. Die Straßenbahn im Vordergrund – folgt man dem Liniennetzplan von 1965, wohl ein Zug der Linie 3 oder 4 – hat aus Richtung Komturplatz/Friedrich-Ebert-Platz kommend die Bahngleise auf der Straße Zur Unterführung unterquert und fährt am Hauptbahnhof vorbei über die Station Bertoldsbrunnen weiter Richtung Waldsee und Littenweiler.

Tankstelle mit Café im Rundbau

4. August 1961: Auch zehn Jahre nach ihrer Errichtung ist die **Tankstelle an der Zähringer Straße** dank der ikonischen 50er-Jahre-Architektur noch ein Blickfang. Heute steht nur noch der denkmalgeschützte Turm, der aktuell wieder einen Gastronomiebetrieb beherbergt. Die anderen Teile des von Wilhelm Schelkes entworfenen Ensembles werden abgerissen.

Schlitzwandbauweise beim Bau des Schlossbergrings, Gesamtbaustelle von oben, Richtung Stadtgarten

27. März 1969: Gewaltige Erdbewegungen sind notwendig, um die Schlossbergstraße zum **autogerechten Schlossbergring** auszubauen. Mehr als 20 Gebäude müssen im Zuge dieser Arbeiten weichen, die zu Beginn des folgenden Jahrzehnts abgeschlossen sein werden. Der Schlossbergring lenkt den Autoverkehr um die Innenstadt herum, wird aber – so Joachim Scheck – von einer »lebendigen Gasse« zur »brachialen Schneise«.

BUS

Steinsetzer an Buseinfahrt am Siegesdenkmal

März 1964: Die Busspur am versetzten Siegesdenkmal steht kurz vor der Fertigstellung. Das Freiburger Straßenbahnnetz schrumpft mit der **Umgestaltung des Friedrichrings** weiter: Richtung Hauptbahnhof verkehren nunmehr Busse. Doch eine steigende Wertschätzung des schienengebundenen Verkehrs führt 2019 auf dem abgebildeten Abschnitt zu einer Rückkehr der Straßenbahn. Diese biegt heute am Fahnenbergplatz Richtung Rieselfeld ab.

Einheben der Rolltreppe für den Fußgängertunnel Rotteckring

9. April 1963: Eine weitere Maßnahme, die Stadt Freiburg dem Autoverkehr unterzuordnen, besteht darin, Fußgänger »unter die Erde« zu bringen. Es entstehen **Unterführungen:** eine in der Linie Eisenbahnstraße-Rathausgasse unter dem Rotteckring hindurch, eine weitere am Siegesdenkmal und eine dritte unter der Schwarzwaldstraße auf Höhe Fabrikstraße. Die Fasnachtszeitung 's Flecklehäs scherzt daraufhin: die Unterführungen seien in Wahrheit Untergrundbahnhöfe, denn Freiburg bekomme ein U-Bahn-Netz aus zwei Linien.

Kaiser-Joseph-Straße am Samstag (für Verkehr gesperrt), Straßenschild (Sperrung)

31. Juli 1965: Über Jahrhunderte hatte die **Kaiser-Joseph-Straße** keinen Namen. Sie wurde von den Bewohnern der Stadt einfach nur die »Große Gasse« oder »Lange Gasse« genannt. Im 20. Jahrhundert trägt sie dafür gleich drei Namen: zuerst Kaiserstraße, ab 1936 Adolf-Hitler-Straße und nach dem Krieg Kaiser-Joseph-Straße. Die endgültige Umwandlung der Einkaufsmeile zur Fußgängerzone erfolgt erst 1973.

Blindenübergang in der Habsburgerstraße

25. Juni 1965: Auch wenn es gefährlich aussieht, der Hinweis auf sehbehinderte Menschen wird Blinden beim Queren der **Habsburgerstraße** mehr Sicherheit vermittelt haben. Heute befindet sich an dieser Stelle ein Ampelübergang. Nur gut 100 Meter weiter in östlicher Richtung liegt das Blindenheim. Dieses wurde als private Beschäftigungs- und Versorgungsanstalt für erwachsene Blinde 1846 gegründet. 1848 startete man die Arbeit mit acht Personen an der Ecke Karlstraße/Jakobistraße zur Miete, bis es 1854 gelang, ein Grundstück in der Hauptstraße zu erwerben. Nach und nach wurden die angrenzenden Flächen ebenfalls gekauft und bebaut.

Verkehrssünder in Einbahnstraße

23. April 1962: Auf dem speziell angelegten **Jugendverkehrserziehungsplatz** im Möslepark im Stadtteil Waldsee lernen Kinder und Jugendliche richtiges Verhalten im Straßenverkehr. Auch erhebliche Vergehen werden hier nur in Form von Ermahnungen geahndet.

Autobahnbau, Planieren des Mittelstreifens

13. Juli 1962: Auch die steigende Technisierung macht harte körperliche Arbeit nicht völlig verzichtbar, wie etwa bei der Bearbeitung des Mittelstreifens der A 5. Deren Teilstück zwischen Riegel und Freiburg-Süd wird wenige Tage nach Aufnahme dieses Bildes eröffnet. Das Jahrzehnte zuvor geplante Projekt **»HAFRABA«** (Autobahnverbindung Hansestädte – Frankfurt – Basel) steht somit kurz vor der Vollendung.

Autobahn vor der Fertigstellung, nach Norden ›

13. Juli 1962: Dieser letzte Autobahnabschnitt, hier die **Anschlussstelle Freiburg-Nord,** wird am 20. Juli von Bundesverkehrsminister Hans-Christoph Seebohm (1903–1967) feierlich eingeweiht. Auch Baden-Württembergs Innenminister Hans Filbinger (1913–2007) wohnt der Zeremonie bei.

S·1833

Autobahnzubringer Mitte, Richtung Stadt

30. Januar 1969: Zur Anschlussstelle Mitte der neuen Autobahn gelangt man allerdings zunächst nur über die Sundgauallee und durch den Dorfkern von Lehen. Nach langem Ringen beschließt der Gemeinderat auf Vorschlag des Regierungspräsidiums, einen **Zubringer entlang der Dreisam** Richtung Innenstadt zu bauen. In mehreren Abschnitten wird das Projekt vorangetrieben und der vollständig ausgebaute Zubringer Mitte der 1970er-Jahre dem Verkehr übergeben. Im diffusen Winterlicht bietet das Teilstück an der Gaskugel bei Lehen 1969 ein surreal anmutendes Bild.

Essohotel Freiburg, Weihnachtsbescherung der Straßenwachtmänner ›

14. Dezember 1966: Kurz vor Weihnachten bekommt die **ADAC-Straßenwacht** Besuch von einem Weihnachtsengel, passenderweise vor dem Esso-Motor-Hotel in der Sundgauallee. 1951 beschließt der ADAC den Aufbau eines Straßenhilfsdiensts. Die ausgebildeten Automechaniker werden schon bald »Engel der Straße« genannt. Der erste weibliche »Engel« nimmt erst 1986 seinen Dienst auf.

ADAC
STRASSENWACHT
STR

Ansprache Oberbürgermeister Dr. Keidel

6. August 1963: Nur etwa 130 km Luftlinie beträgt die Entfernung zwischen den Flughäfen Freiburg und Stuttgart. Im Sommer 1963 wird – heute schwer vorstellbar – eine von der Stuttgarter **Fluggesellschaft »Südflug«** betriebene Direktverbindung festlich eröffnet. Die »Südflug« war eine der ersten Fluggesellschaften, die nach dem Krieg den Flugbetrieb in Deutschland wiederaufnahmen. 1968 kauft die Lufthansa die Gesellschaft auf.

Entleeren in Müllschluckwagen

15. August 1964: Abfuhr von Müll vor dem Haus Moltkestraße 22: 1963 entschließt sich die Stadt Freiburg zur **Modernisierung der Müllentsorgung.** Die hier abgebildeten 35-Liter-Kunststoffeimer sind »state of the art«. Nur wenige Wochen nach der Einführung bestellen schon 54.000 von insgesamt 58.000 Haushalten die neuen Behälter, die pro Stück 22 Mark kosten. Auch der Fuhrpark wird 1964 erweitert: 20 neue Frontlenker-LKW erleichtern das Rangieren in Freiburgs engen Gassen und Straßen.

Sprengwagen in Aktion

13. Juni 1967: **Sprengwägen** stammen eigentlich aus der Zeit ungepflasterter Straßen, bei denen der aufwirbelnde Staub gebunden werden musste. Die Nassreinigung von Asphaltdecken ist eigentlich nicht zwingend notwendig. Insofern überrascht es nicht, dass Sprengwägen mit der Zeit aus dem Freiburger Straßenbild verschwinden.

Abwasser-Röhrenverlegung an der Dreisam

23. Juli 1968: Je mehr der Wohnungsbau in Freiburg mit dem Bau ganzer Stadtviertel voranschreitet, desto mehr Abwasser fällt an. Nach verschiedenen Überlegungen entschließt man sich daher 1966 zur Gründung des Abwasserzweckverbands Breisgauer Bucht, der eine gemeinsame Sammlung und Klärung der Abwässer Freiburgs und der Gemeinden im Umland vorsieht. Dafür muss ein ganzes Netz neuer Kanäle gebaut werden. Einer davon ist der Hauptsammler **»Dreisamparallelkanal«,** der hier unter dem zukünftigen Autobahnzubringer Freiburg Mitte zwischen Dreisam und Haslacher Straße verlegt wird.

Feuerwache Freiburg, Schlauchwaschapparat

21. Februar 1968: Nach Gebrauch müssen Feuerwehrschläuche gereinigt werden. Dafür ist die **Kreisschlauchmacherei** zuständig, die hier mit einer Anlage der Firma Ziegler diese Aufgabe erledigt – und zwar für alle 48 Feuerwehren des Landkreises Freiburg. Nach der Reinigung werden die Schläuche zum Trocknen im Schlauchturm aufgehängt, bevor sie, wieder aufgerollt, erneut zum Einsatz kommen können.

Gäste beim Vortrag im Schulwagen

6. Juni 1968: Die Oberpostdirektion Freiburg präsentiert ihre neue **fahrende Postschule.** Vom Münzfernsprecher über Briefkasten, Briefmarkenautomat und Postschalter bis hin zum Fernschreiber, der hier vom Präsidenten des Oberschulamtes Walter Nunier (1905–1987) besonders interessiert betrachtet wird, enthält sie alles, um Schülerinnen und Schülern an jedem beliebigen Ort die Arbeit der Post sowie die richtige Bedienung der Geräte nahezubringen.

Postamt 1 Freiburg, Versackstelle mit Bunde-Bandanlage

7. März 1961: Nach der Zerstörung im Zweiten Weltkrieg und der Unterbringung an Ausweichstandorten bezieht die Hauptpost 1961 ein neu errichtetes Gebäude am alten Standort in der Eisenbahnstraße. Auf dem neuesten Stand ist auch die Ausstattung: Mit **modernen Transportsystemen** werden Briefbunde und Päckchen automatisch zum Sortiertisch befördert.

Entleeren von Postsäcken

10. Dezember 1969: Kurz vor Weihnachten steigt die Zahl der von der Post zu befördernden Päckchen so sehr an, dass Hilfskräfte, etwa Studenten, zur Bewältigung der Masse eingesetzt werden. Bei dem Schwung, mit dem die Postbeutel auf dem **Bahnpostamt** an der Heinrich-von-Stephan-Straße geleert werden, bleibt zu hoffen, dass der Inhalt sicher verpackt ist und die Knoten der Verschnürungen halten.

An der Waage und am Wagen, Hintergrund Schwabentor

14. November 1960: Bis heute wird am **Schlossberg** Weinbau betrieben. Eine geschützte Sonnenlage, ausreichend Niederschläge, gute Nährstoffversorgung durch Gneisverwitterungsgestein und der »Höllentäler« – ein aus dem Dreisamtal kommender abendlich-nächtlicher Wind – sorgen für gute Erträge. Vor dem Entleeren in bereitstehende Bottiche werden die Trauben gewogen.

Marktfrau und Ware (Münsterplatz)

4. März 1961: Der erste Blick täuscht, viel verändert hat sich auf dem **Freiburger Münstermarkt** nicht. Denn sowohl seine Lage als auch die große Anzahl an bäuerlichen Erzeugern, die ihre regionalen Produkte direkt vermarkten und heute ihren Platz auf der Nordseite haben, locken die Kundschaft zahlreich an.

Kaufmannslehrling in A&O-Laden

21. August 1964: In den 60er-Jahren wird auch in Ladengeschäften noch enger Kundenkontakt gepflegt. Die Ausbildung im Einzelhandel verkürzt sich in jenen Jahren und in der Folgezeit. **A&O – All-Sicht-Organisation –** setzt auf das Prinzip, dass die Käuferschaft das gesamte Warenangebot selbst sehen und prüfen kann.

SB-Großverkaufsräume, Kassen von hinten

20. Januar 1960: Zunehmend prägt eine andere Einkaufskultur das neue Jahrzehnt: Große Verkaufsräume mit Regalen, denen man die Ware selber entnehmen kann – auch bei der Firma Ruef in der Hans-Bunte-Straße –, verdrängen die kleineren Läden mit Verkaufstheken. Der heute selbstverständliche **Einkauf per Selbstbedienung** bedeutet für die einen mehr Transparenz bei der Warenauswahl, für die anderen weniger Beratung und persönliche Ansprache. Beachtenswert ist im Hintergrund auch die Werbung für Tiefkühlkost. Der Verkauf von so konservierten Lebensmitteln beginnt sich zu etablieren.

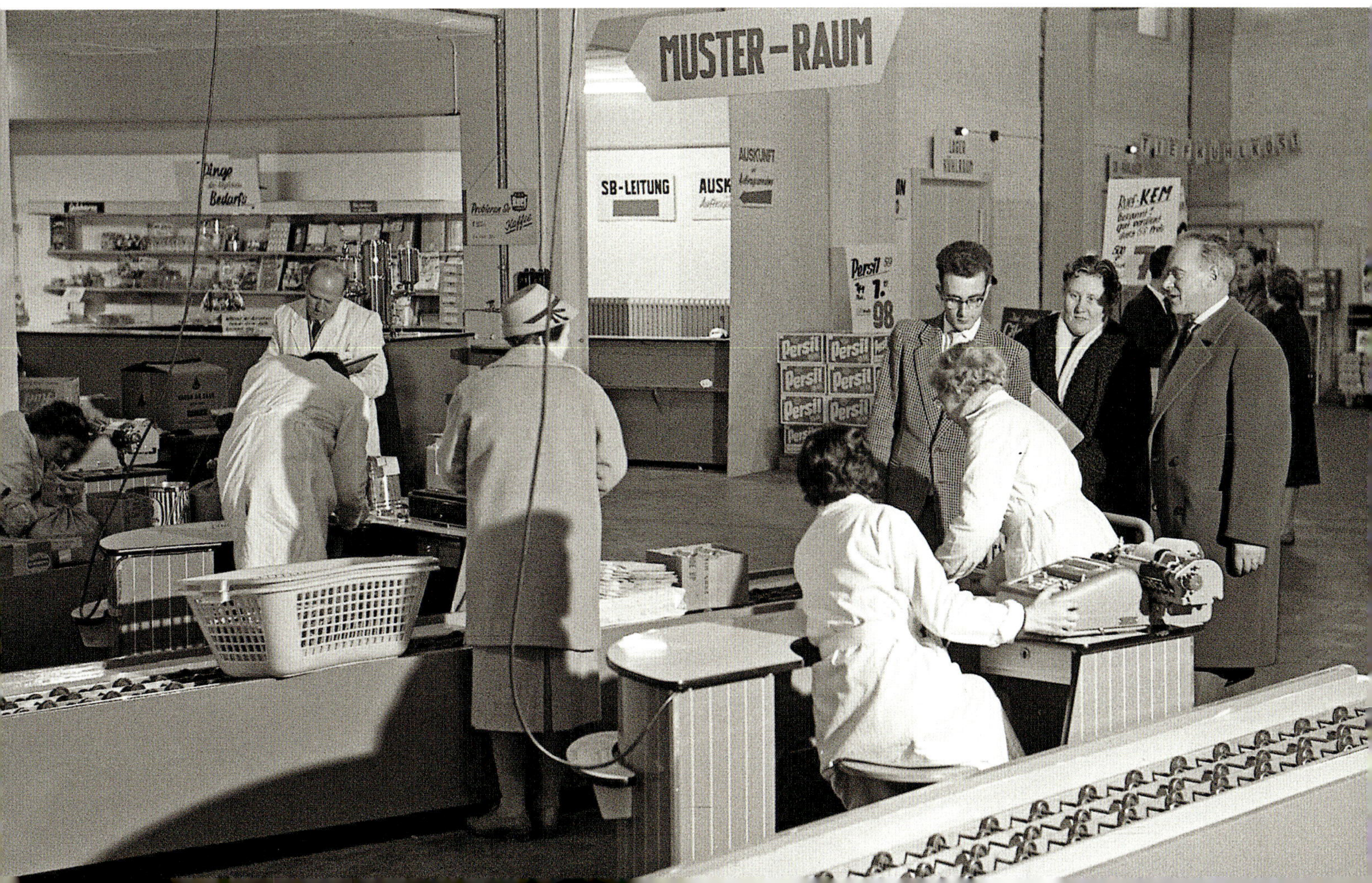

EDEKA – Kinderladenparadies

1969: »Erwachsener spielen« kann man im **Kinderladenparadies** auf der Messe »Schalten und Walten der Hausfrau«. Stehen für die jungen Messebesucherinnen und -besucher die Freude am Spiel und Einblicke ins Berufsleben im Vordergrund, gilt es hingegen für die Aussteller, die Käuferinnen und Käufer der Zukunft zu gewinnen. Die Mädchen rechts tragen die Tracht der Werbefigur einer Margarinemarke, »gehandelt« wird offensichtlich mit »Perwollscheinen«.

EDEKA-Kinderladenparadies

1969: Auch Regierungspräsident Hermann Person (1914–2005) und **Oberbürgermeister Eugen Keidel** (1909–1991) beteiligen sich am Spiel. Im Hintergrund sieht man ein Jugendpostamt, das, ähnlich wie der auch in diesem Band gezeigte Postschulwagen, Heranwachsenden die Arbeit des Staatsbetriebs nahebringen soll.

Neue Passage:
Kaufhaus für Alle, von
der Franziskanerstraße

1. September 1960: Das **»Kaufhaus für Alle«** in der Kaiser-Joseph-Straße 192 steht an der Stelle des früheren Warenhauses Knopf, das die jüdischen Besitzer 1937 zwangsweise unter Wert verkaufen mussten. Das Gebäude wurde beim Luftangriff 1944 vollständig zerstört. »KfA« betreibt das Warenhaus bis in die 80er-Jahre. Der fotografische Blick in und durch Schaufenster findet sich immer wieder im Werk Willy Praghers.

Winterschlussverkauf, Stand mit Schürzen

28. Januar 1964: Der saisonale Ausverkauf in Kaufhäusern ist stets ein Spektakel. Damals noch zeitlich streng limitiert, ist die Schlacht an den Wühltischen eine Chance, Schnäppchen zu finden – wie hier beim **Winterschlussverkauf** im Modehaus Oberpaur in der Kaiser-Joseph-Straße.

Neujahrsempfang

Januar 1966: Bei regnerisch trübem Wetter begeben sich zahlreiche Trachtenträgerinnen und Trachtenträger vorbei am **Modehaus Kaiser** zum traditionellen Neujahrsempfang des Regierungspräsidenten im Basler Hof. Seit 1948 besuchen Abordnungen von Trachtengruppen aus ganz Südbaden neben den obersten Vertretern der Politik auch den Erzbischof, um Glückwünsche für das neue Jahr zu überbringen. Das Modehaus Kaiser im Hintergrund – seit 2022 geschlossen – bietet seinen Kundinnen und Kunden den Komfort einer Außenrolltreppe.

Der neue Oberpaur

keine Angabe: 17 Jahre nach Wiederaufbau des **Modehauses Oberpaur** an der Ecke Rathausgasse/ Kaiser-Joseph-Straße – das Gebäude war im Krieg komplett zerstört und das Geschäft notdürftig am Martinstor weitergeführt worden – wird das Haus modernisiert und komplett umgestaltet. Gerade noch rechtzeitig für das große Weihnachtsgeschäft kann am Samstag des 3. Adventswochenendes 1969 wiedereröffnet werden.

MEZ 175-Jahrfeier

14. Oktober 1960: Die 1785 in Freiburg gegründete **Firma MEZ** feiert ihr 175-jähriges Bestehen in großem Stil in der Stadthalle Freiburg. Mit dabei sind etwa 2000 Mitarbeiterinnen und Mitarbeiter des Garnherstellers. Neben Essen, Festreden und Unterhaltungsprogramm werden bei einer Tombola Geschenke verlost, bevor anschließend bis in die Nacht getanzt wird.

Vorbereitung der Transistoren für die Kontrolle

4. April 1963: Seit 1958 ist die sechs Jahre zuvor in Düsseldorf gegründete **Firma Intermetall** in Freiburg ansässig. In der Hans-Bunte-Straße werden Halbleiter gefertigt. Wie der Blick in diese Werkhalle zeigt, beschäftigt Intermetall in einigen Bereichen überwiegend oder ausschließlich Frauen.

Ausblick aus Büro auf Lagerschuppen

8. Juni 1960: Seit 1950 ist der Mineralölverbrauch in der Bundesrepublik von 4 Millionen auf 25 Millionen Tonnen gestiegen. Die **Deutsche Shell AG** reagiert darauf unter anderem mit der Eröffnung einer Zweigniederlassung für Südbaden in der Hans-Bunte-Straße; unmittelbar neben dem im Hintergrund sichtbaren Zentrallager der Lebensmittelkette Gottlieb. Als kleines Geschenk an die Stadt Freiburg – und nicht zuletzt als Mittel der Eigenwerbung – stiftet Shell für den Verkehrsschulgarten der Stadt Fahrzeuge, welche »dem guten Zweck der Verhütung von Verkehrsunfällen« dienen sollen.

Nadler-Werke, Filialbetrieb Lehen, Gruppe Angestellter

17. Oktober 1961: Die Anfänge der in Berlin gegründeten **Firma Nadler** liegen in der Herstellung von Mayonnaise. Doch schnell spezialisiert man sich auf die Produktion von Feinkostsalaten mit Standorten in ganz Deutschland. Der Betrieb in Lehen befindet sich bis Mitte der 80er-Jahre am Mühlbach an einem Abzweig der Dorfstraße – seit der Eingemeindung Lehens umbenannt in Breisgauer Straße.

Eröffnung Nordsee Quick-Restaurant, Gruppen im Restaurant mit Personal

17. Januar 1968: Noch heute, nach über 50 Jahren, befindet sich an dem oben abgebildeten Standort in der Eisenbahnstraße, heute Rathausgasse, eine **»Nordsee«-Filiale.** Mitte der 60er-Jahre beginnt das Unternehmen in Deutschland mit der Einrichtung von Schnellrestaurants und hat damit großen Erfolg. 1974 kann bereits die 100. Filiale eröffnet werden.

Ganter-Brauerei, Fuhrpark Pepsi Cola im Hof, Reihe zum Eingang zu

22. Februar 1969: Die 1865 gegründete **Brauerei Ganter** beginnt 1969 mit dem Vertrieb von Pepsi Cola. Mit auffallender Werbung versehen ziert deren Fuhrpark die Werkseinfahrt in der Schwarzwaldstraße.

Kultur, Bildung und religiöses Leben

Stereo-Tonaufnahme-Wagen für Балкантон und Team

14. März 1968: Die bulgarische Schallplattenfirma »Balkanton« lässt sich beim Landesstudio des SWF in Freiburg den neuen **Wagen für Stereotonaufnahmen** vorführen, den die Lahrer Firma EMT für sie hergestellt hat. Ingenieur Brennig erläutert dem Leiter der Firma »Balkanton«, Herrn Germanov, offenbar noch Details, Herr Winter aus Lahr (links) und Herr Vladimiroff, Leiter der bulgarischen Handelsvertretung (rechts), folgen den Ausführungen ebenso interessiert wie die Diplomingenieurin Stoeva.

Partnerschaftswoche mit Innsbruck in Freiburg 1968, Einweihung des Innsbrucker Kreuzes

Juni 1968: Dieses Kreuz wird vielen vertraut sein. Es steht heute auf dem Schlossberg, am Wegrand zwischen Kanonenplatz und Schlossbergrestaurant. Der ursprüngliche Standort liegt allerdings auf dem **Kreuzkopf** – einer Anhöhe zwischen Günterstal und Merzhausen. Es ist ein Geschenk der Stadt Innsbruck zum fünfjährigen Jubiläum der Partnerschaft mit Freiburg. Am 9. Juni 1968 wird es im Beisein von Oberbürgermeister Eugen Keidel (1909–1991) und Bürgermeister Alois Lugger (1912–2005) feierlich eingeweiht. Da das Kreuz aber ständig von umliegenden Sträuchern und Bäumen überwuchert wird, versetzt man es 1993 auf den Schlossberg.

Prozession mit Weihbischof Karl Gnädinger, links Weihbischof Sedlmeier (Rottenburg), rechts Weihbischof Reuß (Mainz)

12. Januar 1961: Flankiert von Weihbischof Wilhelm Sedlmeier (1898–1987) aus Rottenburg und Weihbischof Joseph Maria Reuß (1906–1985) aus Mainz schreitet Karl Gnädinger (1905–1995), vormals Münsterpfarrer in Konstanz, zu seiner **Konsekration als Weihbischof** in der Erzdiözese Freiburg durch Erzbischof Hermann Schäufele (1906–1977). Auf dem Weg ins Münster zieht die Prozession (zumindest verkehrstechnisch) offenkundig in die richtige Richtung.

Erzbischof Dr. Schäufele im städtischen Fuhrpark bei den Fuhrmännern

18. Mai 1966: Freiburgs Erzbischof Schäufele (1906–1977) besucht im Mai 1966 das **städtische Fuhrparkgelände** an der Elsässerstraße. Er unterhält sich mit den Mitarbeitern und spricht ihnen seine Anerkennung für ihre Arbeit aus. Zudem segnet er den modernisierten Fuhrpark.

Bobotează, slujbă am Ufer der Dreisam

6. Januar 1967: Dieser Bildtitel Praghers setzt Rumänischkenntnisse voraus: »Bobotează« meint das Fest an Dreikönig, bei dem in der orthodoxen Kirche der Taufe Jesu im Jordan gedacht wird. »Slujbă« heißt Gottesdienst. Traditionell wirft an diesem Tag der Priester ein zuvor gesegnetes Kreuz ins Wasser, das von einem Gemeindemitglied wieder herausgeholt wird. Zu diesem Zweck versammelt sich die **rumänisch-orthodoxe Gemeinde** Freiburgs an jenem eisig kalten Tag nach ihrem Hauptgottesdienst in der Peterhofkapelle an der Dreisam.

Großes Haus, Friedrich Dürrenmatt, Die Physiker, Szenenbilder

keine Angabe: Auch in Freiburg ist das Stück des Schweizer Schriftstellers **Friedrich Dürrenmatt** (1921–1990) offenbar ein großer Erfolg, steht es doch von 1962 bis 1964 auf dem Spielplan. Inspiriert wird das Werk durch das 1956 erschienene Buch »Heller als tausend Sonnen« des Publizisten Robert Jungk (1913–1994) über die Geschichte der Atombombe. Dürrenmatt thematisiert mit der Figur des Johann Wilhelm Möbius, der eine weltbedrohende Entdeckung macht und diese durch den Rückzug in ein Sanatorium zu verbergen sucht, die Verantwortung der Wissenschaft für ihr Tun und die Gefahr ihrer Instrumentalisierung. Angesichts des Kalten Kriegs und der atomaren Rüstung trifft das Stück seinerzeit offenkundig den Nerv des Publikums.

In der Sache J. Robert Oppenheimer

1965: Das Stück von Heinrich Mauritius »Heinar« Kipphardt (1922–1982) über einen der »Väter« der Atombombe, das in Freiburg am 2. Oktober Premiere feiert, greift dieselbe Problematik auf. Durch die Szenerie der Befragung Oppenheimers (1904–1967) im Untersuchungsausschuss der Atomenergiekommission wird zugleich das politische Klima in den USA während der McCarthy-Ära thematisiert. Seinerzeit war man mit Vorwürfen wie Illoyalität oder Landesverrat schnell bei der Hand. Durch den 2023 erschienenen Kinofilm **»Oppenheimer«** wird die Biografie des Physikers wieder einem breiteren Publikum bekannt.

Romeo und Julia, Intendant Hans R. Müller, Probeinszenierung

1968: Vor der perfekten Premiere steht im September/Oktober harte Probenarbeit unter der Leitung des Intendanten an. Hans-Reinhard Müller (2. v. l., 1922–1989), Regisseur und selbst auch Schauspieler, war 1960 vom bayerischen Staatsschauspiel nach Freiburg gewechselt und leitet die **Städtischen Bühnen** über neun Jahre. Müller geht 1969 zurück nach München als Leiter der Otto-Falckenberg-Schule und wird später Intendant der Kammerspiele in der bayerischen Landeshauptstadt.

Stadttheater, »Bürger schützt eure Anlagen«, Kom(m)ödchen-Programm

26. Februar 1968: Scharfzüngiger Besuch gastiert in Freiburg: **Lore Lorentz** (1920–1994) gründete 1947 in Düsseldorf mit dem »Kom(m)ödchen« eine der bedeutendsten Kabarettbühnen der Bundesrepublik. Zusammen mit Ernst Hilbich (* 1931) nimmt sie sich politisch-satirisch offensichtlich auch den Chef der seit 1966 in Bonn regierenden großen Koalition, Bundeskanzler Kurt Georg Kiesinger (1904–1988), vor.

Jazzkeller Fuchsfalle, Modern Jazz Group Freiburg

12. Januar 1961: In der Fuchsstraße 21 im Stadtteil Wiehre verbirgt sich im Untergeschoss eines Wohnhauses die **»Fuchsfalle«,** ein ausgebauter Keller, in dem Jazzabende stattfinden. An gleicher Stelle steht heute ein Mehrfamilienhaus. Ins Leben gerufen wurde die »Fuchsfalle« vom Hausbesitzer Hans Kreis, dem Sohn des Kunstmalers und Bildhauers Paul Kreis, und dem Jazz-Pianisten Ewald »Waldi« Heidepriem (1929–1998), der sich mit seiner »Modern Jazz Group« einen Namen auch in der überregionalen Jazz-Szene macht.

Diskutierende Jugendgruppe im Haus der Jugend

13. Dezember 1966: Diskussionen bei Cola und Zigaretten an einem Ort, an dem noch wenige Jahre zuvor der Kronenmühlebach über ein Wasserrad die Säge des Städtischen Bauhofs antrieb: Mit dem 1966 eröffneten **»Haus der Jugend«** in der Uhlandstraße findet die Zeit lediglich provisorischer Jugendtreffs in der Stadt ein Ende.

Jungbürgerfeier

16. April 1969: Vor allem aus der Schweiz kennt man die **Jungbürgerfeiern,** bei der volljährig gewordene Jugendliche einer Gemeinde feierlich als vollwertige Bürgerinnen und Bürger begrüßt und auf ihre Rechte und Pflichten hingewiesen werden. In Deutschland kann sich diese Form der Initiation, trotz lockerer Quizrunden oder Diskussionen zu aktuellen Themen, nicht durchsetzen. Mit den Abkürzungen UdSSR, SDS oder SED können heute wohl nur noch wenige junge Erwachsene etwas anfangen.

VdK-Kinderchor mit Lampions singt im Garten des Oberbürgermeisters, Dirigent Tritschler

30. Oktober 1961: Oberbürgermeister **Josef Brandel** (1901–1964) feiert seinen 60. Geburtstag. Kinder gratulieren mit einem Ständchen. 1953 hatte Hans-Peter Tritschler Kinder der Ortsgruppe Freiburg-Mitte des VDK (Verband der Kriegsbeschädigten, Kriegshinterbliebenen und Sozialrentner Deutschlands) versammelt, um mit ihnen einige Lieder für eine Weihnachtsfeier einzustudieren. Daraus entstand der VdK-Kinderchor, der so erfolgreich wird, dass er – als die »Kriegsopferkinder« aus dem Chor herauswachsen – fortbesteht und sich 1960 in Freiburger Kinderchor umbenennt.

Freiburger Kinderchor, Uraufführung »Struwwelpeter«

12. Dezember 1964: Die Uraufführung von »Der Struwwelpeter«, einer szenischen Kantate des Freiburgers Karl Lünsken nach dem berühmten Bilderbuch von Heinrich Hoffmann (1809–1894), ist der Höhepunkt des Jahreskonzerts des **Freiburger Kinderchors** am dritten Advent im Stadttheater. Der Kinderchor ist eine etablierte Größe der Freiburger Kulturszene, der die Stadt auch überregional und international repräsentiert.

Naturkundemuseum, Publikum in der Ausleihe

Juni 1962: Das städtische Bibliotheksgebäude am Münsterplatz war im Zweiten Weltkrieg völlig zerstört worden. Bis zum erweiterten Wiederaufbau ist die Bibliothek daher in Provisorien untergebracht: erst im Augustinermuseum, dann im Haus zum Herzog und schließlich im Erdgeschoss des Adelhauser Klosters. Die **Jugendbibliothek** zog dort bereits 1953 wieder aus; zunächst in die Pförtnerloge des Naturkundemuseums, dann am 7. Juli 1959 in den ersten Bauabschnitt des Neubaus am Münsterplatz. Erwachsene müssen sich noch gedulden. Im Juli 1962 schließt die Bibliothek im Adelhauser Kloster, um ungestört den Umzug vorbereiten zu können. Da sich die Bauarbeiten länger hinziehen, kann die neue Hauptstelle erst im Dezember 1963 eröffnet werden.

Neuer Omnibus der fahrenden Stadtbücherei, Kinder beim Buchausleihen, innen

2. März 1967: Den Service der **rollenden Stadtbibliothek** gibt es seit 1955, um Stadtteile ohne ortsfeste Bibliothek zu versorgen. Auch dieser neu angeschaffte Bus wird vom jungen Publikum gut angenommen.

Gruppe Schüler mit Lehrer von oben

27. Januar 1961: Schulalltag in der **Volksschule** im alten Ortskern von **Littenweiler:** Oberlehrer Josef Petrusek deutet mit dem heute nicht mehr üblichen Zeigestock auf ein Detail in einer Ausgabe der Jugendzeitschrift »Stafette«, in der auch Pragher zahlreiche Bilder veröffentlicht. Die Schule wird 1963 nach dem Schriftsteller Reinhold Schneider (1903–1958) benannt.

Handelsschule II Freiburg, Lehrküche mit Schülerinnen

15. November 1966: In der **Handelslehranstalt II** in der Fehrenbachallee ist eine Gruppe Schülerinnen in der Lehrküche zugange. Erst vor kurzem ist die Schule von der Glümerstraße in der Wiehre in dieses neue Gebäude im Stadtteil Stühlinger umgezogen. Die mittlerweile nach dem Soziologen Max Weber (1864–1920) benannte Einrichtung ist heute die größte berufliche Schule in Baden-Württemberg mit fast 3000 Schülerinnen und Schülern.

Kosmetikunterricht für Arzthelferinnen

13. August 1963: Das private **Lehrinstitut Dr. med. Buchholz** in der Starkenstraße bildet in einem halbjährigen Berufsfachlehrgang kaufmännisch-praktische Arzthelferinnen aus. Ein Lehrplan von 1957 führt unter anderem Unterricht in medizinischen Fächern, Labortheorie und -praxis sowie Unterricht in Buchführung und Betriebslehre auf, jedoch keinen Kosmetikunterricht. Möglicherweise kommt dieser erst später hinzu oder ist Teil der medizinischen Unterrichtsfächer.

Haus für Wohlfahrtspflege, Mädchen im Werkkurs (Werkstätte)

20. Januar 1963: In den Räumlichkeiten der **Caritas** in der Karlstraße werden diese jungen Frauen auf ihren Einsatz in der Entwicklungshilfe vorbereitet. Neben der Vermittlung geografischer Kenntnisse stehen unter anderem auch Kochen, Töpfern und die Arbeit an der Werkbank auf dem Ausbildungsprogramm.

Wittental, Baldenwegerhof, Landwirtschaftsstudenten bei praktischer Feldarbeit

11. August 1969: Der **Baldenwegerhof** im Dreisamtal vor den Toren Freiburgs dient als landwirtschaftliche Versuchsanstalt. Studierende der Landwirtschaftlichen Hochschule Hohenheim nutzen die Einrichtung auf ihrem Weg zum Diplomlandwirt insbesondere für praktische Unterrichtseinheiten.

Sport und Freizeit

Schlittschuhläufer auf dem Waldsee

2. Januar 1963: Der **Waldsee** wurde Ende des 19. Jahrhunderts zur Eisgewinnung angelegt und später durch Bau- und Verschönerungsmaßnahmen zum Ausflugsziel aufgewertet. Im frostigen Januar 1963 bietet sich der kleine Weiher zum Schlittschuhlaufen an.

Eisstadion mit neuer Eisdecke und Sprengmaschine

26. Oktober 1968: Im Westen der Stadt wird im Jahr zuvor an der Ensisheimer Straße die erste Eisbahn Freiburgs gebaut. Damit ist der Weg für den **Eissport** in Freiburg geebnet. Das erste Eishockeyspiel tragen am 2. Dezember 1967 zwei kanadische Mannschaften aus. Erst drei Jahre später überdacht man die Anlage. Im Hintergrund sieht man ein imposantes Gebäude: Es gehört zur ehemaligen Funkerkaserne an der Ecke Berliner Allee/Elsässer Straße im Stadtteil Mooswald.

Burggraf von Zähringen weiht das Bad

08. März 1969: Das neue **Thermalbad in Zähringen** an der Lameystraße wird durch den »Burggraf von Zähringen« eingeweiht, der sich mit dem Schlüssel in der Hand in die Fluten stürzt, bevor Wettkämpfe mit Schwimmern aus den Partnerstädten Padua, Innsbruck, Besançon und Freiburg stattfinden. Bei dem »Burggraf« handelt es sich wohl um Karl Beck, Bäckermeister in Zähringen, Mitglied einer historischen Gruppe, die regelmäßig zu Fasnacht aktiv ist. 1994 wird das Thermalbad unter Protest der Bevölkerung geschlossen. Heute ist in dem Gebäude ein Kindergarten der Arbeiterwohlfahrt für körper- und mehrfachbehinderte Kinder und der Jugendtreff Jatz untergebracht. Die Aufschrift »Thermalbad Zähringen« erinnert noch an die ursprüngliche Nutzung.

Freiburger Fasnet 1969, Umzug

1969: Steht bei diesem Motivwagen auf den ersten Blick ein aktuelles **Modephänomen** im Vordergrund, wird zugleich auf ein überaus ernstes Problem hingewiesen. In den 60er-Jahren steigt die Zahl der Verkehrstoten in der Bundesrepublik dramatisch an. 1969 sterben über 18.000 Menschen im Straßenverkehr, im Folgejahr wird mit über 21.000 ein trauriger Höchstwert erreicht. Seit 2012 liegt die Zahl der Verkehrstoten in Deutschland beständig unter 4000, seit einigen Jahren unter 3000.

Ball der Städtischen Bühnen

1969: Wie Subkulturen zuweilen die Populärkultur prägen, zeigt sich auch beim Ball der Städtischen Bühnen in den späten 60er-Jahren, wo diese beiden Kostüme Anklänge an die **Hippiebewegung** aufweisen. Das Statement »Donald Duck for president« auf der Verkleidung des Mannes ist indes wohl nicht als tiefschürfende Kritik an der zeitgenössischen amerikanischen Politik zu interpretieren.

Stadtgartenbesucher am 1. Frühlingssonntag

12. April 1964: Der 1888 eröffnete **Stadtgarten** wurde in den 50er-Jahren nach vorherigen Kriegszerstörungen wiederhergestellt und erfreut sich seitdem großer Beliebtheit. Sowohl der kalendarische als auch der meteorologische Frühlingsanfang liegen zur Zeit der Aufnahme zwar schon etwas zurück, aber dies ist wohl der erste Sonntag mit frühlingshaftem Wetter, welches die Freiburgerinnen und Freiburger ins Freie lockt.

Junge Leute mit Moped am Münsterplatz

13. Mai 1967: Eine **Gruppe junger Menschen** steht auf dem Münsterplatz an der Einmündung der Münsterstraße – laut Günther Klugermann seinerzeit »der Treffpunkt für alle, die dazu gehören wollten«. Einer der jungen Männer hat vor dem Gebäude der Badischen Bank ganz lässig auf seinem Zündapp-Kraftrad Platz genommen.

Familie arbeitet im Schrebergarten

Juli 1960: Kleingärten oder Schrebergärten, benannt nach dem Leipziger Orthopäden Daniel Moritz Schreber (1808–1861), bieten seit dem 19. Jahrhundert sinnvolle Freizeitbeschäftigung und gesundes selbst gezogenes Gemüse und stellen ein Gegengewicht zum Leben in der Stadt dar. Der eigene **Schrebergarten** scheint auch künstlerische Fähigkeiten zu wecken, wie man an der Bemalung des Gartenhauses mit einem Freiburger Wahrzeichen sieht.

Briefmarkenausstellung und Tausch, Sonderpostamt

12. Januar 1968: Briefmarkensammeln – eine Leidenschaft von Jung und Alt: Zum 70-jährigen Bestehen des **Freiburger Briefmarken-Sammler-Vereins 1898 e. V.** gibt es eine große Ausstellung und Tauschbörse im Kaufhaussaal. Die Sonderstempel des dort eigens eingerichteten Postamts sind augenscheinlich sehr begehrt.

Verkehrsübung von Pudeln des Deutschen Pudel-Klub, Pudel mit ihren Herren am Straßenrand

7. Mai 1967: Der Deutsche Pudelclub e. V. im Verband für das Deutsche Hundewesen, kurz VDH, veranstaltet erstmals in Freiburg einen »Wettbewerb« für Zwerg-, Klein- und Großpudel. Unter der Leitung der Übungswarte Timm und Beysing legen die Teilnehmenden nach einer **Verkehrs-Sicherheitsprüfung** in der Urbanstraße in Herdern die Offizielle Leistungsprüfung I ab. Es werden Noten wie »vorzüglich«, »sehr gut« und »gut« vergeben.

Junge Leute sitzen auf Seilsäcken

18. Juni 1960: Vermutlich im Zusammenhang mit dem Nähmaschinenkongress, der in Freiburg stattfindet, startet vor der Stadthalle ein **Gasballon,** der die bekannte Schweizer Nähmaschinenfirma Bernina bewirbt. Befüllt ist er schon, daher benötigt es mehr als nur das Gewicht der Sandsäcke, ihn am Boden zu halten, bevor sein Korb von Passagieren bestiegen werden kann.

Segelflugmeisterschaften

2. Juni 1962: Vom 26. Mai bis zum 9. Juni finden die **Deutschen Segelflugmeisterschaften** in Freiburg statt. Hierbei müssen die Pilotinnen und Piloten in Rund- und Dreiecksflügen ihr Können beweisen, zum Beispiel in Richtung Baden-Baden, Colmar oder Kirchheim unter Teck. Als Abschlusswettbewerb ist ein Flug nach Bordeaux geplant.

Karlsplatz, Hochseilakt der Traber-Truppe

2. April 1961: Die **Familie Traber** aus Breisach ist seit Generationen bekannt für ihre Hochseilartistik. Die Zuschauer auf dem Karlsplatz betrachten gebannt die Darbietungen auf den zwischen 72 Meter hohen Stahlmasten gespannten Seilen.

»Wollt Ihr ewig leben?« – Film und Wirklichkeit: Drei Schulmädchen sitzen auf Haltestelleninsel in der Kaiser-Joseph-Straße

31. Mai 1967: Das **Friedrichsbau-Kino** in der Kaiser-Joseph-Straße öffnete bereits 1911 unter dem Namen »Lichtspiel-Theater zum Friedrichsbau« seine Pforten und gehört damit zu den wenigen noch erhaltenen frühen Kinos in Deutschland. Nach dem Zweiten Weltkrieg diente es zunächst den in Freiburg stationierten französischen Soldaten, stand aber ab Oktober 1946 auch für die deutsche Bevölkerung wieder zur Verfügung. Gezeigt wird – mutmaßlich als Würdigung des kurz zuvor verstorbenen Regisseurs Frank Wisbar (1899–1967) – dessen bereits 1959 erschienenes Kriegsdrama »Hunde, wollt ihr ewig leben?« über die Kesselschlacht von Stalingrad.

Haus der Jugend, Kinder malen mit den Fingern an die Wand

30. November 1969: Ob die abgebildete pädagogisch betreute **Kunstaktion** tatsächlich an einem Herbsttag im 1966 eröffneten Haus der Jugend stattfindet, darf angesichts der Kleidung und der Innenraumgestaltung bezweifelt werden. Doch verdeutlicht dieses Bild exemplarisch eine zunehmende Abkehr von autoritären Erziehungsmethoden in den späten 60er-Jahren.

Junge Leute beim Plattenabhören im Kaufhaus

Mai 1966: In Praghers Werk finden sich neben zahllosen Momentaufnahmen und Schnappschüssen auch gestellte Szenen. Insofern muss es offenbleiben, ob die jugendliche Kundschaft im Bild sich tatsächlich für die Werke des fränkischen Dialektkomikers Herbert Hisel (1927–1982) oder die LP »Beat in Sweet« des Bandleaders und Komponisten **James Last** (eigentlich Hans Last, 1929–2015) interessiert. Last trifft mit seinem »Happy-Party-Sound« den Nerv eines breiten Publikums – seine Tonträger verkaufen sich insgesamt 80 Millionen Mal.

Schlagersendung mit [Walther] Krause, [Walther] Krause am Plattenteller mit Publikum im Vordergrund

29. März 1969: Einmal pro Woche organisiert die Schülerzeitung »Tandem« in der **Diskothek P7** in der Bertoldstraße am Bahnhof eine Party für Jugendliche. In dieser Woche hat die Tandem-Redaktion Walther Krause (1937–2018) vom SWF geladen. Er moderiert live seine Sendung »Stars und Hits«. Ebenfalls live vor Ort sind Bata Illic (* 1939), Jerry Toger (* 1937) und Mary Roos (* 1949), die vor 400 jungen Hörerinnen und Hörern – zeitweise leider durch technische Probleme gestört – ihre neuesten Songs vorstellen.

Einweihung der Burdahalle, turnende Hausfrauen

16. Februar 1963: Nach einem Anlauf in den 1860er- und einem zweiten in den 20er-Jahren gelingt es der **Freiburger Turnerschaft 1844** endlich, im dritten Anlauf eine eigene Turnhalle zu bauen. Die Stadt hatte das Projekt bezuschusst und das Grundstück zur Verfügung gestellt, aber erst die »namhafte« Spende des Unternehmers Franz Burda (1903–1986) aus Offenburg machte die Errichtung möglich. 1961 ist Grundsteinlegung und Richtfest. Bereits im November 1962 können die Deutschen Volleyball-Meisterschaften in der Halle ausgetragen werden. Feierlich eingeweiht wird sie erst im Februar 1963 im Beisein von Oberbürgermeister Eugen Keidel (1909–1991), Innenminister Hans Filbinger (1913–2007) und Franz Burda mit Darbietungen aller Abteilungen, hier zu sehen: Entspannungsübungen für Hausfrauen.

Hürdenlaufen

1. Januar 1969: Bei klirrender Kälte messen sich am Neujahrstag Radsportler bei einem sogenannten »Querfeldeinrennen«. Gewöhnliche Fahrstrecken wechseln sich mit Hindernispassagen ab, für die das Rad immer wieder geschoben oder geschultert werden muss – wie hier auf dem verschneiten Rasen des **Möslestadions**, bis 2000 Heimat des Freiburger FC.

Streckenziel Stefan-Meier-Straße

Juni 1964: Erstmals ist 1964 mit Freiburg eine deutsche Stadt das Ziel einer Etappe der **Tour de France.** Von Lunéville kommend erreicht das Fahrerfeld sein Ziel am 26. Juni in der Stefan-Meier-Straße. Glücklicher Sieger ist an diesem Tag der Belgier Willy Derboven (1939–1996). Das begehrte »Gelbe Trikot« darf sich jedoch der deutsche Fahrer Rudi Altig (1937–2016) überstreifen. Der Gesamtsieg geht 1964 an den Franzosen Jacques Anquetil (1934–1987). Freiburg wird 1971, 1977 und 2000 erneut Ziel einer Tour- de-France-Etappe.

Gokart-Rennen in der Runzstraße

23. Juni 1963: Ein Heimspiel für Willy Pragher. Unweit seiner Wohnung in der Runzstraße dröhnen im Juni 1963 die Motoren, wenn auch nur sehr kleine. Gerade einmal sieben Jahre ist es her, dass der US-Amerikaner Art Ingels in Südkalifornien auf die Idee kam, aus Metallteilen einen Rahmen zu bauen und diesen mit einem 2,5 PS starken Rasenmähermotor auszustatten. Fertig war das erste (Go)Kart. Über England und Frankreich breitet sich der Sport schnell in Europa aus und bereits im April 1960 findet das erste **Kartrennen** auf deutschem Boden in Wiesbaden statt.

Sieger mit Kranz durchfahren die Holzschlägermatte, Nr. 12 Michael Schneider, NSU

30. Juli 1961: Beim sogenannten »Rücklauf« nach dem Ende des traditionellen **Schauinslandrennens** haben die Zuschauerinnen und Zuschauer noch einmal die Möglichkeit, das Fahrerfeld hautnah zu bestaunen. Bei der Rückfahrt ins Tal präsentieren die jeweiligen Sieger der einzelnen Klassen stolz ihre im Zielbereich verliehenen Siegerkränze. Die eigentliche Siegerehrung mit der Übergabe der Pokale findet abends vor dem historischen Kaufhaus auf dem Münsterplatz statt.

Auf der Wiese vor der Holzschlägermatte

1962: Ein Meer von Motorrädern und Autos breitet sich unterhalb der Kurve bei der **Holzschlägermatte** am Schauinsland aus: Es ist Renntag. Auch am 22. Juli 1962 verfolgen zahlreiche Zuschauerinnen und Zuschauer auf diesem sehr beliebten Abschnitt das Schauinslandrennen. Denn von dort kann man etwa einen Kilometer der Rennstrecke einsehen und dabei das Hinaufrasen Richtung Gipfel beobachten. Die meisten Motorsportfans müssen sich in Sachen Tempo mit weniger bescheiden. Das vorherrschende Modell auf dem Parkplatz ist der eher unspektakuläre VW Käfer.

Freiburg von oben

Universität von Südwesten

22. Juni 1967: Der Fokus des Bildes liegt auf der Universität, deren Bautätigkeit sich hier gut ablesen lässt: Der Flachbau der Mensa rechts ist 1961 fertig geworden, daneben der in die alte Bausubstanz integrierte Neubau für die Universitätsbibliothek – heute KG IV – bereits 1957/58. Weiter links sieht man das KG I in gewohntem Gewand, aber mit Anbau des KG III, und schließlich das KG II, das 1961 vollendet wurde. Aus heutiger Sicht am bemerkenswertesten ist allerdings links unten das **Rotteck-Gymnasium,** das, obwohl im Krieg kaum beschädigt, zum Bau einer neuen Universitätsbibliothek 1972 abgerissen werden wird.

Schwabentorbrücken und Greiffeneggring

26. September 1967: Auf die Abrisse und Umgestaltungen im Zuge der Straßenverbreiterungen südlich des Schwabentors wurde bereits im Kapitel »Stadtbild« eingegangen. Das Luftbild zeigt sowohl bereits abgeschlossene Arbeiten als auch den Zustand vor den weiteren massiven Eingriffen ins Stadtbild. Gut sichtbar ist die **Engstelle rechts des Schwabentors,** die der dort stehenden Häuserzeile – inklusive des Ersatzbaus für das Pfefferlehaus – zum Verhängnis werden wird. Noch steht auch das Gewerkschaftshaus dem Schwabentor direkt gegenüber. Das sogenannte Feuerbachhaus samt Möbelhalle an der Einmündung der Wallstraße hingegen ist bereits nicht mehr zu sehen. An seine Stelle tritt ein autogerecht versetzter Neubau. Der Schornstein gehört zur Pappenfabrik Hermann Strohm, die Ende der 70er-Jahre ihre Produktion einstellt.

Alte und neue Kronenbrücke

22. Juni 1967: Noch regelt auf beiden Seiten der **Kronenbrücke** ein Kreisel den Verkehr. Doch der Ausbau der Dreisamuferstraßen zu einem Autobahnzubringer macht schon bald eine geänderte Verkehrsführung notwendig und hinterlässt schwere Spuren im Stadtbild. Bis zur Mitte der 70er-Jahre verschwinden zahllose Bäume und etliche Gebäude, so etwa die Villa an der Einmündung der Kronenstraße unten links im Bild. Auch das alte **Faulerbad** auf dem Dreisamufer gegenüber muss weichen und wird bis 1983 durch einen preisgekrönten Neubau ersetzt.

Studentenhochhaus, Laubenkolonie Lehener Straße

29. August 1962: Im westlichen Stühlinger, dort, wo sich heute die Agentur für Arbeit, das neue Rathaus und Klinikgebäude befinden und bald das Wohngebiet »Kleineschholz« entstehen wird, ragt das **Studentenwohnheim Ulrich-Zasius-Haus** noch einsam inmitten einer riesigen Kleingartenanlage auf. Im Vordergrund sieht man die Wohnhäuser der Yorck-und der Blücherstraße, die – beide in den 30er-Jahren angelegt – bereits zu Mooswald gehören.

Dreisam zwischen Schnewlinstraße und Haslacher Straße

Mai 1969: »Dreisam zwischen Schnewlinstraße und Kronenstraße« wäre ein wohl passenderer Bildtitel gewesen. Einige Jahre später wird auch hier der Bau des Autobahnzubringers und seiner Anschlüsse nachhaltige Spuren hinterlassen: Von den abgebildeten zehn Häuserreihen der **Arbeitersiedlung Freiau** aus dem späten 19. Jahrhundert stehen heute – mittlerweile denkmalgeschützt – entlang der Lessingstraße nur noch drei vollständige und eine gekürzte sowie eine weitere unvollständige unmittelbar an der Bahnstrecke. Auch die (studentischen) Proteste gegen den Abriss 1974/1975 samt Polizeieinsatz wird Willy Pragher bildlich festhalten.

Kirche und Schule Haslach, Carl-Kistner-Straße von Westen

29. August 1962: Diese Seite von **Haslach** präsentiert sich im Vorkriegszustand: Wie ein Schlosshof liegt die Pestalozzi-Schule vor der Michaelskirche. Daneben lässt der Schornstein die Möbelfabrik Fortschritt erkennen; daran schließt sich die Gartenstadt an. Zwischen Staudingerstraße links, Eschholzstraße oben und Carl-Kistner-Straße rechts herrschen noch Äcker und Gärten vor.

Siedlung Haslach, Carl-Mez-Straße, Uffhauser Straße

29. August 1962: Südlich der Carl-Kistner-Straße bietet sich ein anderes Bild: Der Friedhof liegt nicht mehr am Ortsrand. **Mietshaus** reiht sich an Mietshaus, in der für die Nachkriegszeit typischen einfachen Bauweise und schlichten Architektur.

Gesamtsicht

29. August 1962: Heute kaum wiederzuerkennen ist das Gelände des 1905 eröffneten Güterbahnhofs an der sogenannten Güterumgehungsbahn von Gundelfingen nach Leutersberg. Das Geflecht aus Gleisen, Gebäuden und Lagerplätzen ist einer gemischten Bebauung mit zahlreichen Wohnhäusern gewichen. Die einen Linksbogen beschreibende Karlsruher Straße in der Bildmitte verläuft heute weitgehend parallel zur später gebauten Isfahanallee. Zu den stehen gebliebenen Relikten zählt der Gebäudekomplex Zollamt **Güterbahnhof** samt Hallen, der schemenhaft-dunkel als Hufeisen am oberen Rand des Bahnhofsareals zu sehen ist und heute gewerblich genutzt wird. Ebenso erhalten ist die ehemalige Kantine, rechts der Richtung Zollamt führenden Gleise, unweit des Abzweigs von der Güterumgehungsbahn – heute ein Gastronomiebetrieb. Dort, wo unmittelbar dahinter die Kantinenstraße die Gleise quert, verläuft heute die Ingeborg-Krummer-Schroth-Straße.

Handwerks- und Gewerbeausstellung, von allen Seiten

17. September 1965: Interessanter als der mittlerweile bebaute **Alte Messplatz,** eingerahmt durch die gut zehn Jahre zuvor errichtete Stadthalle und die sogenannte Knopfhäusle-Siedlung – ein soziales Wohnungsprojekt des elsässischen Knopffabrikanten Jeremias Risler (1811–1889) aus der zweiten Hälfte des 19. Jahrhunderts –, erscheint die Kartäuserstraße am oberen Bildrand. Deren auf dem Bild sichtbarer Teil wird fast vollständig von Bauten der Näh- und Stickseidenfabrik Karl Mez eingenommen. Diese reichen von der hellen Häuserzeile unterhalb der immer noch existierenden Freifläche am Hang bis zu den Gebäuden links neben dem weithin sichtbaren Schornstein. Dem Alten Messplatz gegenüber, dort, wo heute die Musikhochschule steht, hat 1965 noch die Stadtgärtnerei ihren Sitz.

Littenweiler von der Dreisamseite

22. Juni 1967: Zwischen der Dreisam im Vordergrund und der Höllentalbahn in der Bildmitte ist die Bebauung – wie der Blick in südwestliche Richtung zeigt – bereits dicht. Einige markante Bauprojekte sind dabei der zunehmenden Zahl von Studierenden geschuldet: so zum Beispiel die winkelförmige, von der Erzdiözese Freiburg seit 1962 betriebene Thomas-Morus-Burse links in der Bildmitte. Weiter rechts sieht man das Alban-Stolz-Haus, mittlerweile von der katholischen Kirche wegen der antisemitischen Äußerungen des Schriftstellers und Theologen (1808–1883) in St. Alban Haus umbenannt. Seit 1958 wurden in Baden-Württemberg acht Pädagogische Hochschulen errichtet. In Freiburg nahm man erst 1962 in den Räumlichkeiten der ehemaligen Pädagogischen Akademie den Lehrbetrieb auf. Das PH-Gelände ist links oberhalb des Bahnhofs **Littenweiler** gut erkennbar.

Studentenstadt am Baggersee

22. Mai 1966: Am Baggersee der Firma Flückiger entsteht die Studentensiedlung, in Freiburg kurz **»StuSie«** genannt. Auch ihr Bau ist der steigenden Zahl der Studierenden geschuldet. Mit den Jahren verdichtet man das Gelände weiter nach. Der See wird im Zuge der Landesgartenschau 1986 neu gestaltet und Teil des Seeparks.

Siedlung Binzengrün, von oben

22. Mai 1966: Noch weitgehend isoliert liegt die Siedlung im Stadtteil Weingarten zwischen Wiesen und Feldern. Auch der Autobahnzubringer Mitte (B 31) ist noch nicht gebaut. Rechts der Gaskugel zeigen sich Lehen und Betzenhausen noch mit dörflichem Charakter und bilden einen Kontrast zur Hochhausarchitektur. Die Stadt wird weiter wachsen: Ein Bürgerentscheid 2019 ebnet den Weg für den neuen Stadtteil **Dietenbach,** der auf den Wiesen in der oberen Bildhälfte entstehen wird.

Freiburg: Siedlungsgebiet Landwasser, von Westen, mit Freiburger Bucht

26. September 1967: Vor dem imposanten Panorama des Schwarzwalds bietet sich das Bild einer wachsenden Stadt. In der Mitte erkennt man den Stadtteil **Mooswald,** daneben den Flückiger-Baggersee. Rechts davon liegt die neu entstehende Studentensiedlung, die heute zu Betzenhausen gehört, das 1967 noch als das frühere Dorf erkennbar ist. Im Vordergrund wird der neue Stadtteil Landwasser errichtet. Viele Hochhäuser in der Auwaldstraße sind schon fertig. Der Wald, der dadurch schon verkleinert wurde, schrumpft später durch den Bau der Westrandstraße (heute Granadaallee und Paduaallee) weiter.

Quellen und Literaturverzeichnis

Quellen (StAF=Staatsarchiv Freiburg)
StAF D 180/2 Nr. 214866: Peter, Max.
StAF F 22/61 Nr. 863: Reden des Regierungspräsidenten zum Neujahrsempfang/Neujahrstrachtenempfang, 1994–1998.
StAF F 26/28 Nr. 10: Abwasserzweckverband Breisgauer Bucht, Abwasserplanung, 1968.
StAF F 30/5 Nr. 2293: Ausbildungshilfen; hier: Anerkennung des Privaten Lehrinstituts Dr. med. Buchholz für kaufmännisch-praktische Arzthelferinnen in Freiburg im Breisgau, 1956–1959.
StAF F 120/2 Nr. 676: Erwin Jung-Mosbacher, Sanierung der Konviktstraße, Zulassungsarbeit zur wissenschaftlichen Prüfung für das Lehramt an Gymnasien, Freiburg 1981.
StAF F 166/3 Nr. 1004: Freiburger Gewerkschaftshaus e.G.m.b.H. gegen den Zwangsverwalter des Vermögens der ehemaligen NSDAP wegen Restitution, 1949.
StAF F 202/1 Nr. 250: Schutzstollen am Schlossberg (Schlossbergbunker), 1960–1965.
StAF F 202/1 Nr. 254: Schutzstollen am Schlossberg (Schlossbergbunker), 1968–1970.
StAF F 202/1 Nr. 256: Schutzstollen am Schlossberg (Schlossbergbunker), 1962–1968.
StAF F 202/1 Nr. 1320: Universitätsbibliothek, 1956–1961.
StAF F 235/1 Nr. 1148: Freiburg, Schlossbergbahn, 1968–2007.
StAF G 540/5 Nr. 15077: Genossenschaftsregister Freiburg.
StAF G 786/2 Nrn. 247–254: Verwaltungsbau am Theater/ Bertoldstraße, 1954–1979.
StAF G 816/1 Nr. 243: Universität, Universitätsbibliothek (Neubau), 1970–1978.
StAF G 1260/1 Nr. 1006: Birmelin, Hermann und Brunhilde, Wachswarenfabrik, Freiburg, 1949–1992.
StAF P 700/1 Nr. 850: Fahrende Postschulen, 1964–1971.
StAF Q 350/16 Nr. 91: Breisgauer Bucht (Abwasserzweckverband), 1967–1978.
StAF W 135/1 Sammlung Pragher, Zeitungsausschnittsammlung.
StAF W 140 Nr. 09056: besetztes Thermalbad, 30. Juli 1994.
Stadtarchiv Freiburg, Findbuch zu C5.
Registratur der Hauptverwaltung der Stadt Freiburg: Az. 365-33-1, Bd. 2, Wegkreuze, Grenzsteine, Bildstöcke, Innsbrucker Kreuz, 1971–2004.

Literatur
Amtliche Einwohnerbücher der Stadt Freiburg i. Br.
Amtsblatt der Landeshauptstadt Innsbruck, Mai/Juni 1968.
Badische Neueste Nachrichten: 13.01.1961.
Badische Zeitung: 05./06.01.1960, 15.06.1960, 23.09.1960, 21.10.1960, 30.03.1961, 02.06.1961, 18.02.1963, 24.05.1963, 25./26.05.1963, 03./04.08.1963, 26.11.1963, Weihnachtsausgabe 1966, 09.05.1967, 29.09.1967, 17.10.1967, 22.02.1968, 16./17.03.1968, 31.03.1969, 13.08.1969, 15.12.1969, 07.07.2003 (Carola Schark: Erinnerungen an die »Flinsche«), 10.03.2012 (Joachim Scheck: Kahlschlag in der Oberau), 27.06.2015 (Ignaz Bender: Demo gegen Bildungsnotstand: Weckruf aus Freiburg), 07.12.2015 (Peter Kalchthaler: Wie Bertold recht modern wurde), 19.09.2016 (Joachim Scheck: Das Flair der alten Schwabentorbrücke ist unwiederbringlich verloren), 19.01.2017 (Simone Höhl: Das Haus der Jugend feiert 50. Geburtstag), 23.01.2017 (Joachim Scheck: Acht Gebäude am Schwabentorplatz überstanden den Bombenangriff – und wurden trotzdem abgerissen), 13.03.2017 (Peter Kalchthaler: So hat sich Freiburgs Kaiser-Joseph-Straße verändert), 04.04.2017 (Bernd Serger: Vor 130 Jahren gründete der jüdische Kaufmann Sally Knopf sein erstes Warengeschäft), 10.07.2017 (Fritz Steger, Joachim Scheck: Die Leo-Wohleb-Straße wurde 1973 als »neues Tor zum Schwarzwald« gefeiert), 28.09.2020 (Fritz Steger: Im Beatkeller »Fuchsbau« ging's einst hoch her), 22.02.2021 (Manfred Gallo: Der »Falken« an der Rathausgasse war einst bekannt bis ins Rheinland), 28.02.2021 (Joachim Scheck: Dem Autobahnzubringer fiel auch diese Freiburger Villa zum Opfer), 06.04.2021 (Joachim Scheck: So wurde aus einer schmalen Straße der wuchtige Schlossbergring), 03.05.2021 (Manfred Gallo: Die »Alte Burse« in Freiburg war um die Jahrhundertwende ein Publikumsmagnet), 24.04.2023 (Joachim Scheck: Für Freiburgs altes Gewerkschaftshaus galt der Abbruch als »saubere Lösung«), 23.06.2023.
Beck, Rosmarie/Meinig, Roland (Fotografie): Brunnen in Freiburg, Freiburg 1991.
Blindenheim Freiburg (Hg.): Die Geschichte des Blindenheims Freiburg von Adolf Detling. Mit einem Beitrag von Erich Gary, Freiburg [1997].
Breisgauer Narrenzunft (Hg.): 's Flecklehäs Nr. 634, Jahrgang 1962.
Dreier, Rudolf-Werner: Universität Freiburg, Freiburg 2023.
Ducornez, Auguste Anatole Léandre: Le 19e bataillon de chasseurs à pied pendant la guerre 1914–1918, Nancy ca. 1920.
Einwohner-Adressbücher Freiburg-Land.

Flugblatt: Das Stuttgarter Flughafenmagazin 01/2006.
Freiburger Almanach. Illustriertes Jahrbuch 1961, S. 100–102.
Freiburger Verkehrs AG (Hg.): Mobile Stadt. Die Geschichte der Straßenbahn in Freiburg, Freiburg 2001.
Fritz, Wolfgang: Die quantitative Entwicklung der Ausbildung im Einzelhandel, in: BWP 2/77, S. 16–18.
Funk, Richard: Freiburger Gasgeschichte(n) – 1850 bis heute, Freiburg 2021.
Gesetzblatt für Baden-Württemberg, 23. Juli 1968.
Haumann, Heiko; Schadek, Hans (Hg.): Geschichte der Stadt Freiburg im Breisgau, Band 3: Von der badischen Herrschaft bis zur Gegenwart, Stuttgart [2]2001.
Hilfswerk Berlin: 20 Jahre Hilfswerk Berlin 1948–1968. Ein Rechenschaftsbericht, Frankfurt am Main 1968.
Hochstuhl, Kurt: Willy Pragher – Fotografiker und Bildjournalist. Ein biografischer Abriss, in: Brechungen. Willy Pragher. Rumänische Bildräume 1924–1944. Hg. vom Institut für donauschwäbische Geschichte und Landeskunde und dem Landesarchiv Baden-Württemberg. Bearbeitet von Kurt Hochstuhl und Josef Wolf, Ostfildern 2007, S. 23–30.
Jenisch, Bertram: Freiburg im Breisgau – Der Wandel der spätmittelalterlichen Stadt zur Festung aus archäologischer Sicht, in: Daniel Scheller/Guido Lassau (Hgg.), Martin Möhle (Red.): Basel und der Dreissigjährige Krieg: Zuwanderung, Zerstörung, Festungsbau und neue Konzepte im Städtebau und Bauwesen Europas vom 16. bis zum 18. Jahrhundert. Beiträge der Tagung im Kleinen Klingental in Basel am 6. und 7. Februar 2020, Basel 2021, S. 167–182.
Kalchthaler, Peter: Freiburg und seine Bauten, mit einem Beitrag von Paul Bert. Hg. vom Kulturamt der Stadt Freiburg i. Brsg., Freiburg 1990.
Kalchthaler, Peter (Hg.): Wiedersehen! Das Freiburger Stadtbild im Wandel der Zeit, Freiburg u. a. 2016.
Keller, Oskar: Friedrich Dürrenmatt, Die Physiker: Interpretationen, München [7]1998.
Klugermann, Günther: Freiburg. Ereignisreiche Zeiten. Die 60er Jahre, Gudensberg-Gleichen 2002.
Kramper, Peter: NEUE HEIMAT. Unternehmenspolitik und Unternehmensentwicklung im gewerkschaftlichen Wohnungs- und Städtebau 1950–1982, Stuttgart 2008.
Kuntzemüller, Albert: Die Badischen Eisenbahnen, Karlsruhe [2]1953.
Landesanstalt für Erziehung und Unterricht Stuttgart (Hg.): Zur Errichtung der Pädagogischen Hochschulen in Baden-Württemberg 1962, Stuttgart 1962.
Ludwig, Annika/Riek, Annette/Schellinger, Anja: »… wirklich eine Generationenarbeit«: Der Pressefotograf Willy Pragher (1908–1992) – Leben und Werk, in: Anja Schellinger/Christof Strauß (Hgg.): Typisch!? Freiburg und die Region in Fotos von Willy Pragher. Begleitbuch zur Ausstellung des Augustinermuseums und des Landesarchivs Baden-Württemberg, Abteilung Staatsarchiv Freiburg. Haus der Graphischen Sammlung im Augustinermuseum 23. Juli bis 16. Oktober 2022, S. 22–41.
Matter, Max: Anwerbung und Zuwanderung von Arbeitsmigrantinnen und -migranten aus Südeuropa und der Türkei nach Freiburg 1955–1983, in: Migration in Freiburg im Breisgau. Ihre Geschichte von 1500 bis zur Gegenwart, hg. im Auftrag der Stadt Freiburg i. Br. von Ulrich P. Ecker und Nausikaa Schirilla unter Mitarbeit von Christiane Pfanz-Sponagel und Hans-Peter Widmann, Freiburg i. Br. 2014, S. 147–158.
Mehl, Hans Peter/Dettling, Adolf: Die Freiburger Zigeuner. Auf der Suche nach einer neuen Identität (Freiburger Stadthefte 25), Freiburg [1978].
Meifort, Franziska: Ralf Dahrendorf. Eine Biographie, München 2017.
Mierzejewski, Alfred C.: Ludwig Erhard. Der Wegbereiter der Sozialen Marktwirtschaft. Biografie, München 2006.
Ohler, Norbert: Sie lebten eher neben als mit den Deutschen. Die Angehörigen der »Forces Françaises en Allemagne« in Freiburg 1945–1992, in: Migration in Freiburg im Breisgau. Ihre Geschichte von 1500 bis zur Gegenwart, hg. im Auftrag der Stadt Freiburg i. Br. von Ulrich P. Ecker und Nausikaa Schirilla unter Mitarbeit von Christiane Pfanz-Sponagel und Hans-Peter Widmann, Freiburg 2014, S. 115–124.
Perk, Peter (Text): 125 Jahre Freiburger Turnerschaft von 1844, Freiburg 1969.
Pfanz-Sponagel, Christiane: Keidel, Eugen, in: Baden-Württembergische Biographien 6 (2016), 233–238.
Piccard, Gerhard/Sporhan-Krempel, Lore: 440 Jahre Papiermacherei in Freiburg: 100 Jahre »Neue« Papierfabrik Ferdinand Flinsch, Freiburg im Breisgau, Freiburg 1952.
Rees, Jochen: »Kommt alle in die Freiau!«: Auseinandersetzung um eine Freiburger Arbeitersiedlung, in: Archivnachrichten, (66/2023), S. 36f.
Reuter, Simon: Die Vietnam-Mission der Medizinischen Fakultät Freiburg (1961–1968), Freiburg [Diss. 2010] 2011.
Sander, Klaus/Hoffrichter, Odwin/Klug, Erwin: Die Erdkrötenwanderung am Waldsee in Freiburg i. Br. – Beobachtungen 1974–1977 und Schutzvorschläge, in: Veröffentlichungen für Naturschutz und Landschaftspflege in Baden-Württemberg, Bd. 46, 1977, S. 161–181.
St. Albert-Bischofslinde Freiburg (Kunstführer Nr. 961), München/Zürich 1972.

Schelle-Wolff, Carola: Stadtbibliothek im Wandel. Zur Geschichte einer städtischen Bildungs- und Kulturinstitution. Ausstellung zum 100-jährigen Jubiläum der Stadtbibliothek in städtischer Trägerschaft, Freiburg 2001.

Schellinger, Anja/Strauß, Christof: Freiburg und Willy Pragher: Eine Stadt und ihr fotografischer Chronist, in: Staatsarchiv Freiburg (Hg.): Freiburg in den 50er-Jahren. Festgehalten in Fotografien von Willy Pragher, Tübingen 2023, S. 4–11.

Scherb, Ute: »Wir bekommen die Denkmäler, die wir verdienen«. Freiburger Monumente im 19. und 20. Jahrhundert (Veröffentlichungen aus dem Archiv der Stadt Freiburg im Breisgau, Bd. 36), Freiburg 2005.

Schildt, Axel: Materieller Wohlstand – pragmatische Politik – kulturelle Umbrüche. Die 60er Jahre in der Bundesrepublik, in: Ders./Detlef Siegfried/Karl Christian Lammers (Hgg.): Dynamische Zeiten. Die 60er Jahre in den beiden deutschen Gesellschaften (Hamburger Beiträge zur Sozial- und Zeitgeschichte, Band. 37), Hamburg 2000, S. 21–53.

Schildt, Axel: Von der Kampagne »Kampf dem Atomtod« zur »Spiegel-Affäre«. Protestbewegungen in der ausgehenden Ära Adenauer, in: Michael Hochgeschwender (Hg.): Epoche im Widerspruch. Ideelle und kulturelle Umbrüche der Adenauerzeit (Rhöndorfer Gespräche, Bd. 25), Bonn 2011, S. 125–140.

Schmider, Christoph: Die Freiburger Bischöfe. 175 Jahre Erzbistum Freiburg. Eine Geschichte in Lebensbildern, Freiburg u. a. 2002.

Schmidt, Nicolaus: Việt Đức. Deutsch-vietnamesische Biografien als Spiegel der Geschichte, Bielefeld/Berlin 2018.

Schmidt-Abels, Georg: Nordstadtbilder. Entdeckungen auf dem Güterbahnhof, in: Freiburger Almanach 58 (2007), S. 122–126.

Schneider, Josef: Erinnerungen an die Anfänge. Aus der Sicht eines »Ehemaligen«, in: Hug, Wolfgang (Red.): Lehrerbildung und Erziehungswissenschaften. 25 Jahre Pädagogische Hochschule Freiburg (Schriftenreihe der Pädagogischen Hochschule Freiburg, Bd. 3), Freiburg 1987, S. 118–128.

Schwamm, Christoph: Medizingeschichte im Südwesten. Eine kritische Chronik der Bezirksärztekammer Südbaden. Hrsg. von der Bezirksärztekammer Südbaden, Stuttgart 2021.

Speck, Dieter (Hrsg.): 550 Jahre Albert-Ludwigs-Universität Freiburg, Bd. 1: Bilder – Episoden – Glanzlichter, Freiburg/München 2007.

Staatsarchiv Freiburg (Hg.): Freiburg in den 50er-Jahren. Festgehalten in Fotografien von Willy Pragher, Tübingen 2023.

1000 Jahre Herdern. Vom ehemaligen Winzerhof zum »Klein-Nizza« von Freiburg. Chronik des Freiburger Stadtteils Herdern von Hans Sigmund, Freiburg 2007.

Tritschler, Hans-Peter: 20 Jahre Freiburger Kinderchor, [Freiburg 1973].

Vetter, Walter: Die Geschichte des Freiburger Flugplatzes. Ein Beitrag zur neueren Stadtentwicklung, in: Zeitschrift des Breisgau-Geschichtsvereins »Schau-ins-Land« Nr. 91 (1973), S. 55–104.

Volle, Henning: Bergrekord am Schauinsland. Die Geschichte des berühmten ADAC-Bergrennens 1925–1988, Freiburg 2009.

Widmann, Hans-Peter: Den selan trostlich, den dúrftigen nuzzelich. Das Heiliggeist-Spital zu Freiburg im Breisgau im Mittelalter, Freiburg 2006.

Winkel, Harald (Hg.): Universität Hohenheim: Festschrift zum 175 jährigen Jubiläum, Stuttgart 1993.

Wolf, Günther: Streiflichter aus einem Jahrhundert Lichtspiele im Friedrichsbau, in: Zeitschrift des Breisgau-Geschichtsvereins »Schau-ins-Land« Nr. 131 (2012), S. 157–173.

Wollny, Burkhard/Stemmler, Herbert/Greß, Gerhard/Fleischer, Korbinian: Schienenwege gestern und heute. Zeitreise durch Südbaden, Fürstenfeldbruck/Essen 2016.

Internetquellen (alle Zugriffe zuletzt am 15.06.2024)

https://www.abfallwirtschaft-freiburg.de/de/pdf_publikationen/asf_jubilaeumsbuch_internet.pdf

https://www.adac.de/der-adac/verein/adac-geschichte/

https://ak.drs.de/fileadmin/user_files/289/Dokumente/Aufarbeitungskommission_Bericht_A4_72S_2403_20.pdf

https://akaflieg-berlin.de/wp-content/uploads/sites/2/2015/11/1962_Jahresbericht.pdf

https://architekturforum-freiburg.de/programm/programm-2023-02/faulerbad-freiburg-das-gartenhallenbad/

https://buergerverein-landwasser.de/landwasser-geschichte/

https://buergerverein-landwasser.de/moosweiher-blog/

https://www.bundesarchiv.de/DE/Content/Virtuelle-Ausstellungen/Ein-Sehr-Sehr-Guter-Rat/ein-sehr-sehr-guter-rat.html

https://www.bundestag.de/dokumente/textarchiv/2023/kw21-kalenderblatt-notstandsgesetze-556672

https://www.caritas-international.de/informieren/themen/biafra/hintergrund-biafra-krieg

https://www.drk-blutspende.de/gemeinnuetzigkeit

https://www.destatis.de/DE/Presse/Pressemitteilungen/2020/02/PD20_061_46241.html

https://www.deutsche-biographie.de/db0080657.html

https://www.deutsche-biographie.de/gnd117588644.html#ndbcontent

https://www.deutsche-biographie.de/pnd101238540X.html

https://www.deutsche-biographie.de/pnd114023662.html

https://www.deutsche-biographie.de/sfz105391.html

https://www.deutschlandfunk.de/1965-initiative-wider-den-bildungsnotstand-100.html

https://www.deutschlandfunkkultur.de/big-band-legende-james-last-ist-tot-100.html

https://www.duesseldorf.de/gleichstellung/archiv/frauenwege/lore-lorentz

https://www.dwd.de/DE/service/lexikon/begriffe/H/Hoellentaeler_pdf.pdf?__blob=publicationFile&v=3

https://www.ebfr.de/aufklaerung, Arbeitsgruppe »Machtstrukturen und Aktenanalyse« der GE-Kommission zur Aufarbeitung sexuellen Missbrauchs in der Erzdiözese Freiburg, Abschlussbericht vom 11. April 2023.
https://www.ehcf.de/geschichte/eishockey-in-freiburg/
https://www.faz.net/aktuell/gesellschaft/ungluecke/wie-viele-menschen-2023-bei-verkehrsunfaellen-ums-leben-kamen-19548793.html
https://www.freiburg.de/pb/208768.html
https://www.freiburg.de/pb/233152.html
https://www.freiburg.de/pb/site/Freiburg/get/params_E-1906631749/1028363/Strassennamen_Abschlussbericht.pdf
https://www.freiburg.de/pb/site/Freiburg/node/233132/Lde?QUERYSTRING=Seepark
https://www.freiburger-stadtbau.de/unser-verbund/unsere-geschichte
https://www.freiheit.org/de/deutschland/liberalismus-trifft-auf-apo-und-gewinnt-nach-punkten
https://www.gartenfreunde-thueringen.de/woher-haben-die-schrebergaerten-ihren-namen/
http://gartenstadt-freiburg.de/
https://geoportal.freiburg.de/freigis/
https://www.hdg.de/lemo/biografie/heinar-kipphardt.html
https://www.hdg.de/lemo/kapitel/geteiltes-deutschland-gruenderjahre/kalter-krieg/sputnik-schock.html
https://www.hdg.de/lemo/kapitel/geteiltes-deutschland-modernisierung/bundesrepublik-im-wandel/bildungsnotstand.htm
http://www.hdg.de/lemo/kapitel/geteiltes-deutschland-modernisierung/bundesrepublik-im-wandel/spiegel-affaere.html
https://ipa-deutschland.de/die-ipa/weltweit/#historie
https://www.leo-bw.de/en/detail/-/Detail/details/PERSON/kgl_biographien/1012300277/Sch%C3%A4ufele+Hermann
https://www.leo-bw.de/en-GB/detail/-/Detail/details/PERSON/kgl_biographien/1012786943/Enderle+Pius+Johannes
https://www.leonore.archives-nationales.culture.gouv.fr/ui/notice/95616
https://www.letour.fr/de/geschichte
https://mezcrafts.com/historie-mez-crafts-group/
https://www.micronas.tdk.com/de/unternehmen/profil/meilensteine-unternehmen
https://www.muenchner-kammerspiele.de/de/10108-zum-100-geburtstag-von-hans-reinhard-mller-am-15-1
https://www.muensterfabrikfonds.de/freiburger-muenster/muenster/kunstwerke-highlights/die-konstruktion/
https://www.musik-sammler.de/artist/jerry-toger/
https://www.nadler.de/nadler-welt/historie
https://www.nordsee.com/de/ueber-uns/unternehmensgeschichte
https://oberwiehre-waldsee.de/infotafel/knopfhaeusle/
https://oberwiehre-waldsee.de/infotafel/pappenfabrik-strohm/
https://oberwiehre-waldsee.de/waldsee-restaurant/
https://online-service2.nuernberg.de/stadtarchiv/objekt_start.fau?prj=verzeichnungen&dm=Stadtlexikon&ref=6267
https://osteuropa.lpb-bw.de/prager-fruehling#c73705
https://www.promotionvercors.fr/Adherents/Articles/Craplet.pdf
https://pudi.lubw.de/detailseite/-/publication/36363
https://www.reinhold-schneider-schule.de/index.php/schule-im-ueberblick/schulgeschichte
https://rdl.de/tag/thermalbad-z-hringen Radio Dreyeckland, Tagesinfo vom 17. Oktober 1996.
https://www.schlossberg-bahn.de/die-bahn
https://www.spektrum.de/kolumne/kleine-geschichte-des-schwangerschaftstests/1754518
https://www.spiegel.de/geschichte/telstar-erster-tv-satellit-der-welt-a-947629.html
https://www.spiegel.de/politik/bedingt-abwehrbereit-a-e7911 1b5-0002-0001-0000-000025673830
https://www.spiegel.de/politik/opfer-fuers-volk-a-6855be5a-0002-0001-0000-000046414704?context=issue
https://sportportal.freiburg.de/sportstaetten/detail/moesle-stadion-sc-freiburg.html
https://www.srf.ch/radio-srf-1/ungeliebte-jungbuergerfeier-die-jungbuergerfeier-zwischen-auslaufmodell-und-erneuerung
https://www.suedkurier.de/baden-wuerttemberg/Hindenburgstrasse-ade-Freiburg-bereinigt-pikante-Strassennamen-der-Stadt;art417930,9119255
https://swisshistokart.ch/geschichtliches/
https://www.swr.de/swrkultur/wissen/archivradio/60-jahre-polio-massenimpfung-100.html
https://www.swr.de/swrkultur/wissen/broadcastcontrib-swr-17018.html
https://www.thomasmorusburse.de/
https://www.tk-report.de/willkommen-seriennummer-17013.htm
https://www.ulm.de/leben-in-ulm/bauen-und-wohnen/rund-ums-wohnen/ulmsstrassen/strassenbenennungen/strassenbennungenarchiv/heilmeyersteige/biografie-prof-dr-ludwig-heilmeyer#:~:text=Ludwig%20Heilmeyer%20wurde%201925%20an,inne%20und%20wurde%20dessen%20Direktor.
https://www.weingut-stigler.de/weinberge/weinberge-freiburg/
https://www.willy-brandt-biografie.de/biografie/
https://www.zaehringerburgnarren.de/geschichte.html

Bildnachweis

Sämtliche Abbildungen Landesarchiv Baden-Württemberg, Abteilung Staatsarchiv Freiburg, Sammlung Willy Pragher (W 134)

Cover und S. 3	065162b
S. 5	060728
S. 7	083987a
S. 8	000718a
S. 11	084708g
S. 12/13	048402
S. 14	084093a
S. 14	008246f
S. 15	060923k
S. 16	065162b
S. 17	049920a
S. 18	049959b
S. 19	049980b
S. 20	071577
S. 21	084019b
S. 22	068372b
S. 23	068373
S. 23	068864a
S. 24	079857
S. 24	074259d
S. 25	068836c
S. 25	074330a
S. 26	048472b
S. 27	065208
S. 28	068437b
S. 29	074273b
S. 30	077383
S. 30	080621a
S. 31	077881a
S. 32	080594b
S. 32	083977a
S. 33	074332b
S. 33	080546b
S. 34	085520d
S. 34	077792e
S. 35	084072c
S. 36	083972
S. 37	068817d
S. 38	084026a
S. 39	084034
S. 39	077806a
S. 40	068826e
S. 40	068827
S. 41	074216c
S. 42/43	059825
S. 44	065171
S. 45	055059e
S. 46	068217g
S. 46	064560a
S. 47	059799b
S. 47	068205c
S. 48	072287b
S. 49	064103a
S. 49	072363d
S. 50	007277a
S. 51	060852b
S. 51	073321b
S. 52	068791b
S. 52	071459a
S. 53	072599a
S. 54	074274e
S. 54	074287
S. 55	072616a
S. 56	077839e
S. 57	072192d
S. 58	082394
S. 59	080596a
S. 59	060968h
S. 60	084736f
S. 60	083998b
S. 61	083997d
S. 62	085223v
S. 63	085233f
S. 64	085252d
S. 65	085581b
S. 65	085257e
S. 66	086974d
S. 66	087168e
S. 67	084067
S. 68	013857b
S. 69	088825b
S. 70/71	084004b
S. 72	027081c
S. 73	087690b
S. 74	074217b
S. 75	068834b
S. 76	074312b
S. 77	074308g
S. 77	064054b
S. 78	066754b
S. 79	066741b
S. 80	084056b
S. 81	016966l
S. 82	071216c
S. 83	074246e
S. 84	076921e
S. 85	076875h
S. 86	007288c
S. 86	077912f
S. 87	064611d
S. 87	077951b
S. 88	058100d
S. 89	048440a
S. 90	067863b
S. 91	060336b
S. 92	088817d
S. 93	088810m
S. 94	048404
S. 95	064109a
S. 96	079783b
S. 97	091508a
S. 98	063781f
S. 98	072269a
S. 99	061945
S. 99	060392b
S. 100	085211h
S. 101	005803c
S. 102/103	082747b
S. 104	085889g
S. 105	064037a
S. 106	076933g
S. 106	037309c
S. 107	068126
S. 107	081070r
S. 108	089930d
S. 108	078481b
S. 109	054898g
S. 110	080947g
S. 110	087749b
S. 111	060719c
S. 111	045978k
S. 112	064073l
S. 112	080943x
S. 113	055155b
S. 114	082141c
S. 115	071288a
S. 115	071276b
S. 116/117	086080d
S. 118/119	068374d
S. 120	054865g
S. 120	087474b
S. 121	087542
S. 121	087582b
S. 122	068782
S. 123	080612a
S. 124	001241b
S. 125	082631d
S. 125	003315d
S. 126	062317
S. 127	069642d
S. 128	065147b
S. 128	080620a
S. 129	082078g
S. 130	007639d
S. 131	082755c
S. 132	071720b
S. 133	008637b
S. 133	074762f
S. 134	044570d
S. 134	066434
S. 135	069815d
S. 136/137	083575b
S. 138/139	083620
S. 140/141	083574
S. 142	070083
S. 143	083692
S. 144	070115
S. 145	070114
S. 146/147	070101a
S. 148/149	079374f
S. 150/151	079505a
S. 152	079483d
S. 153	079490a
S. 154/155	083594a

Autorinnen und Autoren

der Bildbeschreibungen (alle Staatsarchiv Freiburg)

- Tim Boettger
- Michaela Boetzel
- Alexander Gerhardt
- Annika Ludwig
- Susanne Maier
- Sinah Panizic
- Jochen Rees
- Annette Riek
- Anja Schellinger
- Patrice Schlauch
- Bernhard Schühly
- Agathe Schwarzkopf
- Christof Strauß
- Judith Zimmermann

Impressum

In diesem Buch wird aus Gründen der besseren Lesbarkeit in Ausnahmefällen das generische Maskulinum verwendet. Weibliche und anderweitige Geschlechteridentitäten werden dabei ausdrücklich mitgemeint, soweit es für die Aussage erforderlich ist.

Sollte dieses Werk Links auf Webseiten Dritter enthalten, so machen wir uns die Inhalte nicht zu eigen und übernehmen für die Inhalte keine Haftung.

1. Auflage 2024

Umschlaggestaltung, Layout und Satz:
Björn Locke, Herrenberg.

Printed in Turkey by Elma Basim.

ISBN 978-3-8425-2464-4

Besuchen Sie uns im Internet und entdecken Sie die Vielfalt unseres Verlagsprogramms:
www.silberburg.de